이단대처를 위한

요한계시록으로
정면 돌파

스승이시고 제자들선교회(DFC) 영원한찬양선교단 단장이신 선교사님.
바다 같이 넓은 마음으로 성도들을 사랑하며 섬기라고 하신 말씀 가슴에 새기고 또 새깁니다.
선교사님 본받아 생명 다하는 날까지 죽도록 충성하며 사역하겠습니다.
제게 베풀어주신 사랑에 감사하며 이 책을 고(故) 한재영 선교사님께 바칩니다.

목차

추천사

안성삼 박사 | 국제신학대학원대학교 총장

저자인 김주원 목사를 만나거나 그의 강연을 들을 때마다 느끼는 것은 이 시대의 치열한 영적 전투 현장에 파견된 투사(鬪士)라는 생각이었다. 사이비 이단들과의 영혼쟁탈전을 벌이는 한국교회의 현장에서 적장(敵將)들의 목을 치며 앞서 진격하는 '관우'나 '여포' 같은 영적 장수(將帥)라는 생각이 든다. 때로는 본영(本營)을 치려고 돌진해오는 적수들을 향해 방방 뛰며 소리만 질러대는 것이 아니라, 치밀한 전투 준비를 갖추어 적수의 취약점을 간파해 내는 '제갈량' 같은 영적 전략가라는 생각이 들기도 했다. 『요한계시록으로 정면돌파』를 통해서 저자는 단순한 요한계시록 해설서로가 아니라 범부(凡夫)가 쉽게 알아내기 힘든 신천지 같은 이단들의 그릇된 해석을 명료하게 드러냄으로써 원수들의 비밀 근거지를 단번에 간파(看破)해버리고 말았다.

'22가지의 계시록 핵심 주제 해설'은 단순히 요한계시록을 공부하려는 이들에게도 큰 도움이 되겠거니와 특히 사이비 이단들의 그릇된 성경해석이 얼마나 교묘한지를 배울 수 있는 흔치 않은 자료이다. 흔히 어렵다고 혀를 내두르는 요한계시록을 누구나 이해할 수 있도록 이처럼 쉽게 해설해줄 수 있는 저자의 숨은 실력에 칭찬을 보내고 싶고, 더불어서 다양한 현장 경험자만이 해낼 수 있는 독특한 계시록 해석 방식에 박수를 보낸다. 자간(字間)에서 엿보이는 주님의 교회를 지키고자 하는 저자의 열정과 영혼을 사랑하는 선한 목자의 마음에 감사한다. 본서는 독자들이 일독으로 끝낼 내용이 아니라, 본서를 곁에 두고 참고하면서 원수들과의 영전(靈戰)에서 말씀의 진검(珍劍)으로 사용될 수 있으면 하는 간절함을 담아서 추천하는 바이다.

정동섭 교수 | 가족관계연구소장, 사이비종교피해대책연맹 총재,
전 침신대, 한동대 교수

정통교회나 이단교회나 성경을 하나님의 말씀이라고 믿고 복음을 전한다. 문제는 정통교회가 성경을 올바르게 해석하여 바른 교훈을 가르칠 때, 이단들은 성경을 억지로 사사로이 비유로 해석해 가르침으로써 영혼을 멸망케 하고 가정을 무너뜨린다는 것이다. 특히 현대 이단들은 요한계시록을 억지로 해석해 시한부 종말론을 가르친다는 공통점이 있다. 김주원 목사는 이 책에서 신천지, 안상홍 증인회, JMS, 구원파, 안식교, 신옥주, 이재록 등 이단들이 요한계시록을 어떻게 잘못 해석해 사람들을 멸망의 길로 인도하는지를 보여주면서, 올바른 해석으로 난해구절과 144,000, 666, 이기는 자, 두 감람나무 등이 무엇을 뜻하는지를 속 시원하게 설명하고 있다.

사랑하는교회 교주 변승우가 계시록을 직통계시를 통해 교회사상 처음으로 30분 만에 완전히 깨달았다고 허세를 부리는데, 저자는 성

령의 조명과 선배 신앙인들의 지혜를 참고하여 목회자들과 성도들이 어려워하는 요한계시록을 정면 돌파하고 있다. 김주원 목사의 사랑의 수고로 인하여 요한계시록이 두려움을 주는 책에서 소망과 위로와 확신을 주는 책으로 거듭나고 있다. 목회자들과 신학생, 이단상담사역자들, 그리고 복음전도에 관심 있는 모든 이들에게 이 책을 자신 있게 추천한다.

심민수 교수 | Midwestern Baptist, Theological Seminary 실천신학

계시록은 장래 일을 상징적인 언어로 보여준다. 역사적으로 그 상징에 대한 해석은 다양하였다. 여기에 이단적 해석들까지 난무하면서 혼란은 가중되어왔다. 이단 문제 전문가인 저자는 이단들로 인해 겪은 에피소드를 따라가며 이단들의 상징 해석에 대한 오류와 성경의 진정한 의미를 대비시켜 확신에 찬 언어로 일갈한다. 본서를 읽다보면 타는 목마름 속에 청량한 약수 한 컵을 마시는 듯하다. 이단적 해석으로 혼란에 빠져있던 모든 분들에게 일독을 강력히 권해드린다.

장경순 목사 | 시드니 작은자교회 담임목사

우리가 살고 있는 이 시대 교회들은 알레고리 해석에 포로가 되어있다고 해도 과언이 아닐 것이다. 왜냐하면 성도들은 목회자가 성경을

교묘하게 해석하고 풀어나갈 때 신령한 목사로 보려는 성향이 있기 때문이다. 목회자 역시 이런 해석의 유혹을 받게 되는 것이 목회 현장에서 일어나고 있는 현실이다.

이번에 김주원 목사가 집필해서 출간한 『요한계시록으로 정면돌파』는 이러한 성경 해석의 근거와 실체가 없는 이단들의 자의적 알레고리 해석에 대해서 정확하게 진단해 주는 그야말로 정면돌파를 이루어낸 출간이라서 기쁘기가 그지없다. 한번 손에 들어 보시라. 단번에 이해되고 읽혀질 것이다. 오랜 시간 현장에서 부딪치며 이루어낸 이번 『요한계시록으로 정면돌파』 출간을 다시 한 번 축하하며 축복한다.

엄상섭 목사 | JDM 예수제자운동 한국대표

대학생 선교단체 출신의 이단 대처 유명강사 김주원 목사가 네 번째 책을 출간하였다. 저자 스스로 고백하듯이 이 책은 요한계시록에 대한 학문적 주해서는 아니지만, 이단들의 일차 자료를 이용해서 계시록 각 장에서 제기되는 주요 문제들을 현장의 필요에 맞게 잘 풀어냈다는 점에서 사역자는 물론 우리 시대를 사는 그리스도인들에게 일독을 권하는 바이다.

김성원 목사 | 광주 중흥교회 담임목사, 광주성시화운동본부 대표회장

그동안 탁월한 사명감과 성경에 대한 바른 관점으로 캠퍼스 선교 사역과 이단 퇴치 사역을 해왔던 동역자 김주원 목사가 이번에 『요한계시록으로 정면돌파』라는 제목의 책을 출판하게 되었다. 내용은 제목이 보여주는 것처럼 신천지 이단 등의 잘못된 해석을 바른 해석으로 정면 돌파하자는 것이다. 성경에 대한 바른 관점과 해석을 담고 있기 때문에 성도들의 정당한 요한계시록 해석에 도움이 될 뿐 아니라 이단을 대처하는 실력도 크게 키워줄 것이라 확신하여 이 책을 모든 분들께 적극 추천한다.

신명근 선교사 | 갈렙선교회 대표, 필리핀 북부 한인선교사연합회 회장

갈수록 세상은 혼탁해지고 있다. 다양한 매체의 발달로 인하여 얻는 이득도 있지만 폐해가 만만치 않은 시대에 우리는 살고 있다. 특히 사실에 대한 왜곡, 가짜뉴스가 실제적으로 우리 삶에 미치는 폐해는 이루 말할 수 없다. 이것이 결국은 정치적 공동체를 형성하고 힘으로 이어져 개인의 의견과 상관없이 마구잡이로 우리 삶에 영향력을 미치는 어이없는 시대에 우리가 살고 있는 것이다. 얼마나 억울한가?

김주원 목사의 『요한계시록으로 정면돌파』는 우리 기독교 신앙생활 주변에서 만만치 않게 가짜 복음과 정보들을 가지고 정통교회들을 공격하고 미혹하는 이단 사이비 단체를 분별하고 경계할 수 있도록

도움을 주고 있다. 이 『요한계시록으로 정면돌파』는 이단들로 인하여 혼탁한 한국교회와 해외선교 현장에 큰 힘이 되어줄 것을 확신하고 추천한다.

김치민 안수집사 | 은성기전 대표이사

이 시대의 평신도요 크리스천이라 말하면서 요한계시록을 어려워했던 나에게 『요한계시록으로 정면돌파』는 여러 이단들의 공격적 미혹에서 자유로워지며 바르고 담대하게 나아갈 수 있는 지표가 되었다. 저자의 『요한계시록으로 정면돌파』를 크리스천 여러분께 강력히 추천한다.

이성심 전도사 | 세종 시온교회

여성사역자과정에서 김주원 교수의 이단대책 강의를 듣게 된 후, 사역의 현장에서 많은 도움을 받았다. 이제 책으로 출간되어 너무나 반갑고 감사하다. 이단에 빠진 가족, 지인들이 의외로 많고, 고통을 겪는 것을 직접 보게 되면서 이 책은 올바른 해결책을 제시할 뿐만 아니라 모든 기독교인과 사역자들에게도 유익이 될 것으로 확신한다. 그래서 필독서로 추천한다.

윤환식 목사 | 호주 퍼스 열방장로교회 담임목사

저자 김주원 목사는 차세대 이단 전문가이다. 그는 성경(text) 해석에서 뛰어나며, 현장(context) 경험이 풍부하다. 이런 저자의 탁월함이 이단의 거짓 가르침, 성경의 바른 해석, 사역현장 이야기 3박자로 구성되어 이 책에 담겨있다.

이단들이 어떻게 요한계시록을 악용하여 성도들을 미혹하는지 복음적인 관점에서 명쾌하게 밝혀낸다. 흥미로우면서 실제적이다. 성경적이면서 유익하다. 거짓 가르침이 아닌 바른 진리를, 두려움이 아닌 담대함과 자유함을 갈망하는 모든 사역자들과 성도들에게 확신 가운데 추천한다.

이장렬 교수 | Midwestern Baptist, Theological Seminary 신약학

신구약 66권 중 요한계시록만큼 많이 잘못 해석되어온 책도 없을 것이다. 그리고 그러한 잘못된 해석은 한국 사회와 교계에 크고 작은 상처와 아픔을 남겼다. 요한계시록 해석에 대한 유익하고 이해하기 쉬운 길잡이를 담고 있는, 김주원 목사의 저서 『요한계시록으로 정면돌파』가 그러한 상처와 아픔을 치유하며 유사한 상처와 아픔을 예방하는 시의적절한 도구로 귀하게 쓰임 받으리라 믿는다.

임춘수 목사 | 광주 산수교회 담임목사

할렐루야! 존경하는 김주원 목사의 『요한계시록으로 정면돌파』 라는 책에 또 다시 감탄을 한다. 이 책은 요한계시록 말씀에 대한 이단들의 주장과 참된 정통교회의 주장을 서로 비교하면서 자세하고 분명하게 보여주고 있다. 읽는 사람으로 하여금 무엇이 참인지와 거짓인지를 선명하게 분별할 수 있게 한다. 그리고 이 책은 요한계시록이 예수 그리스도와 교회를 위하여 주신 말씀임을 쉽게 설명하고 있다.

그러므로 성도된 우리는 이 책을 반드시 읽어야 할 것이다. 왜냐하면 올바른 것과 거짓된 것을 분별하게 하여 이단들에게 속지 않도록 도와주기 때문이요 또한 하나님의 크신 은혜와 사랑으로 교회와 성도들을 얼마나 사랑하시고 귀히 여기시는지를 알게 하기 때문이다. 『요한계시록으로 정면돌파』 라는 책을 여러 번 읽어 승리의 삶을 사는 우리 모두가 되기를 바라며 기쁜 마음으로 추천한다.

머리말

부모님은 주일 저녁 예배를 드리기 위해 교회에 가셨다. 지금의 초등학생에 해당하던 국민학생 시절, 나는 혼자 집에 남아서 텔레비전을 봤다. 마침 TV에서는 '전설의 고향'을 하고 있었다. 후반부로 갈수록 긴장감이 더해졌다. 극 중에서 "내 다리 내놔."하면서 죽었던 시신이 자신의 한쪽 다리를 찾기 위해 여자 주인공을 뒤쫓아 갔다. 그 순간 나는 너무 무서워서 이불 속으로 숨어버렸다. 그날의 충격은 좀처럼 지워지지 않았다.

세월이 지나 청소년기 때 성령의 능력과 은혜를 받기 위해 교회에 열심히 다녔다. 특히 목사님의 요한계시록 설교를 들으면서 이렇게 생각했다. '요한계시록은 전설의 고향 같구나. 너무 무섭다. 정말 무섭다. 밤에는 절대로 읽지 말아야지.' 언제인지 정확하게 기억은 나지 않지만 '휴거', '오멘'과 같은 영화가 극장에서 개봉되었다. 전봇대에 붙어있는 포스터를 보기만 해도 소름이 돋을 만큼 무서웠다. 영화 '휴거' 포스터에 "드디어 올 것이 왔다. 휴거는 과연 언제 일어날 것인가? 당신은 휴거 준비가 되었습니까?"라고 쓰여 있었다. 또 영화 '오멘' 포스터에는 요한계시록에서 말하는 짐승의 수 666이라는 글자가 선명하게 실려 있었다.

1986년 아시안게임이 대한민국에서 열렸다. 전도사님은 학생회 예배 설교시간에 아시안게임이 사탄과 연관되어 있다고 말씀하셨다. 사탄 마귀와 연관된 스포츠 경기를 보면서 너무 흥분하지 말라고 경고했다. 무슨 근거로 그런 말씀을 하는지 이유가 궁금했다. 이유는 1986년 아시안게임 심벌이 666과 비슷하게 생겼기 때문이라는 것이었다. 실제로 그해 아시안게임 심벌은 666과 비슷해 보였다. 그래서 나는 아시안게임 경기를 마음 놓고 볼 수 없었다.

고등학생 때, 학교에 가기 전 세수를 하기 위해 욕실에 들어갔다. 어느 순간부터 내게는 이상한 버릇이 생겼다. 때를 벗기는 빨간색 타월로 이마와 손등을 문질렀다. '혹시 잠자고 있을 때 마귀가 짐승의 숫자인 666을 나의 이마에 찍어놓고 가지는 않았을까?'라는 두려움 때문이었다. 너무 이마를 세게 문질러서 그랬는지 나의 이마는 항상 빨개져 있었다.

모태신앙으로 자란 나는 어린 시절에 요한계시록이 성경에 있다는 것을 처음 알게 되면서부터 적잖은 스트레스를 받았다. 차라리 요한계시록이 성경에서 없었으면 좋겠다는 생각도 했다. 그 이유는 이렇게 두려움을 주는 성경이 없었더라면 마음이 편하겠다고 생각했기 때문이다. 그런데 요한계시록에 대한 두려움은 나만의 것이 아니라는 것을 나중에 알게 되었다. 교회에 다니는 대다수의 사람들은 요한계시록을 함부로 읽으면 안 되는 성경, 억지로 풀다가는 이상한 신앙으로 변질될 수 있는 성경, 억지로 말씀을 풀다가 이단에 빠지게 되는 성경으로 인식하고 있었다.

시간이 지나 나는 대학을 졸업했고 광주에서 캠퍼스 선교사역과 이단예방사역을 하게 되었다. 그리고 한 가지 결심을 했다. 이 두려움과 강박관념에서 뛰쳐나와 그 두려움과 정면으로 맞서기로 했다. 그래서 2012년 말, 나는 세 번째 책 『이단대처를 위한 무한도전』(도서출판 대장간)을 썼다. "평신도와 함께 읽는 열린 계시록"이라는 세미나를 하면서 얻게 된 경험을 바탕으로 요한계시록 입문서를 집필했다.

책이 출판되기 전 광주 산수교회 임춘수 목사님께서 원고를 꼼꼼히 살펴봐주셨다. 그리고 내게 이렇게 말했다. "목사님의 글을 읽으면서 책이 참 쉽게 잘 써졌다는 생각이 들었습니다. 다음에 김 목사님께서 목사님의 필체로 요한계시록 전장 해설서를 쓰면 좋겠습니다. 그렇게 되면 우리 교회에서는 그 책을 가지고 계시록 공부를 할 것 같습니다." 세 번째 책이 나오기도 전인데, 네 번째 책에 대한 방향이 머릿속에서 그려졌다. 그러나 결심과는 달리 행동으로 옮기지는 못했다. 항상 마음속으로는 꼭 써야겠다고 다짐을 했지만, 한편으론 세 번이나 책을 썼는데 더 이상 욕심을 낼 필요가 무엇이냐고 내 자신에게 말했다. 이런 두 마음이 옥신각신하는 동안 7년이라는 시간이 흘러버렸다.

예수제자운동(JDM) 간사인 호주 퍼스 열방장로교회 윤환식 목사님과 전화 통화를 했는데, 목사님은 내게 "기독교 이단들이 요한계시록을 많이 인용하는데, 정통교회의 바른 해석을 이단들의 주장과 비교해서 대답해 줄 수 있는 책이 있으면 좋겠다."고 말했다. 그리고 그는 내게 그런 책을 쓰면 어떻겠냐고 제안했다. 그의 제안을 듣는 순간, 마치 하나님께서 집필하라는 사명을 말씀하시는 것 같았다. 그래서 더 이상 미루지 않겠다는 다짐을 하고, 그 다음 날부터 글을 쓰기 시작했다. 이런 경위로 나는 이번 책을 집필하게 되었다.

많은 오해를 받고 있는 요한계시록은 미래를 점치는 책이 아니다. 그 동안 나는 요한계시록을 연구하면서 한 가지 사실을 알게 되었다. 계시록은 '전설의 고향'이 아니고, '휴거'와 '오멘' 같은 영화도 아니라는 것을 깨닫게 되었다. 이제 나는 말할 수 있고, 확신한다. 요한계시록은 믿음의 선한 싸움을 싸우고 있는 모든 교회에게 소망을 주는 복음이라는 것을. 이 확신을 가지고 침례신학대학교, 한국복음주의신학교 등에서 "이단과 복음"이라는 제목으로 강의를 했다. 학생들은 요한계시록에 대한 관심이 컸지만, 예전의 나의 모습처럼 두려워하면서 함부로 다가설 수 없는 성경으로 생각했다. 학생들은 매주 나와 함께 요한계시록 한 장 한 장을 공부하면서 이렇게 말했다. "교수님, 요한계시록이 쉽고 재밌습니다." 어떤 신학생은 내게 이렇게 말했다. "교수님, 요한계시록은 복음이네요." 내가 그토록 듣고 싶었던 말을 듣게 되자 나는 그 학생보다 더 기뻤다. 그리고 어떤 신학생은 수요예배시간에 요한계시록으로 설교를 했는데, 성도들이 큰 은혜를 받았다고 말했다. 예전 같으면 겁도 없이 계시록을 설교했냐고 했을 텐데, 말씀에 자신감을 갖게 된 모습이 정말 보기 좋았다.

필자는 요한계시록 전공자가 아니다. 그래서 요한계시록 전장을 해설하는 주석서를 쓸 생각이 없다. 더 솔직하게 말하면 주석서를 쓸 수 있는 역량이 되지 않는다. 그러나 적어도 우리의 신앙을 넘어뜨리고 미혹하려고 덤벼드는 이단들의 왜곡된 계시록 해석을 얼마든지 분별해 낼 수 있다고 확신한다. "언제까지 요한계시록이 마치 이단의 전유물처럼, 전매특허처럼 이용당하는 것을 보고만 있어야 하는가?"라는 의분 때문에 가만히 있을 수가 없었다.

이 책은 요한계시록 각 장에서 한 주제를 선정했다. 요한계시록이 총 22장이기 때문에 책 본론부에서는 22개 주제를 다루었고, 부록으로 세 개를 추가로 넣었다. 그리고 각 주제에 대해 이단들의 해석과 정통교회의 해석이 어떻게 다른지 비교해서 기술했다. 가능하면 신빙성을 높이기 위해 각 이단들 출판사에서 나온 책과 동영상을 우선적으로 참고했다. 이런 1차 자료가 독자들에게 더 신뢰를 줄 수 있겠다고 생각했다. 그래서 각주에 출처를 밝혀두었다.

이 책이 나오기까지 응원해 준 믿음의 동역자들이 있어 기쁘고 감사하다. 늘 기도로 응원해 주시는 아버지, 어머니 그리고 아내 민혜영과 세 자녀 성종, 명종 그리고 은영에게 감사한다. 스승인 영원한찬양선교단 단장이신 제자들선교회(DFC) 한재영 선교사님께 머리 숙여 감사드린다. 내가 책을 반쯤 써 갈 즈음에 하나님의 부르심을 받고 천국에 가셨다. 이 책을 쓸 수 있도록 동기를 부여해준 윤환식 목사님과 임춘수 목사님께도 감사드린다. 부족한 종을 위해 항상 기도해 주는 주원교회 송영문 집사님을 비롯한 모든 성도들께 감사한다. 큰 기대감으로 응원해 준 제자들선교회 광주지구 강홍희 선교사님에게 감사한다. "평신도와 함께 읽는 열린 계시록"이라는 제목을 만들어준 순용태 선교사님에게 감사한다. 교회에서 함께 동역하며 다음 세대 사역에 모든 열정을 쏟는 찬양사역자 김정화 전도사님에게 감사한다. 사랑하고 존경하는 신민섭 목사님과 변용세 목사님의 응원도 큰 힘이 되었다. 그 외에도 일일이 이름을 나열할 수 없을 만큼 소중한 분들이 응원을 해주었다. 진심으로 감사하다는 말을 전하고 싶다. 끝으로 책이 세상 밖으로 나올 수 있도록 기회를 열어준 기독교포털뉴스 정윤석 발행인과 편집팀에게 더욱 특별한 마음을 담아 감사드린다.

2019년 11월 10일

주원교회(主願教會)에서

김주원(金周元)

I 부

요한계시록을 정탐하라!

1. 이단 교주의 말이 계시일까?

이단의 교주들은 자신이 하늘로부터 하나님의 계시를 받았다고 주장한다. JMS 총재 정명석은 에덴동산의 아담과 하와가 타락한 이유를 계시를 받아서 깨달았다고 말한다. 그는 아담과 하와가 하나님의 말씀에 불순종했기 때문에 타락한 것이 아니라고 주장한다. 아담과 하와가 타락한 이유는 그들이 미성년자일 때 하나님께서 금하신 성관계를 가졌기 때문에 타락했다고 말한다. 아담은 24살, 하와는 21살인 성숙한 시기에 부부관계를 해야 하는데, 아담이 16살, 하와가 14살의 미성숙한 나이에 성관계를 가졌기 때문에 타락했다고 신도들에게 가르친다.

정명석은 다른 사람이 받지 않는 계시를 자신이 하나님께 받았기 때문에 이런 내용을 깨닫게 되었다는 황당한 주장을 한다. 정말 그의 말대로 그가 계시를 받은 것일까? 이런 말을 계시라고 주장하는 정명석도 문제지만, 이런 말에 미혹되는 사람들 또한 큰 문제이다. 결론부터 말하면 정명석의 주장은 거짓말이다. 위의 주장은 중국 의학서 '황제내경'에 나오는 내용이다. 이 책은 한의학의 창시자 기백이라는 사람이 집필했다. 그는 황제의 건강을 책임지는 어의(御醫) 즉 의사였다. '황제내경'을 풀어쓴 책의 일부를 보면 정명석의 주장이 계시가 아니라는 것을 금방 알 수 있게 된다.

"옛 사람들은 오랜 관찰과 실천을 통해 인체 성장 및 발육 과정에

일정한 법칙성이 있다는 사실을 점차적으로 발견했다. 이를 반영하듯 《내경》은 사람이 태어나서부터 사망하기까지의 성장주기를 상세하게 기록하고 있다. 예컨대 여자는 7세를 시작으로 신기가 왕성해진다. 또 남자는 8세부터 신기가 왕성해진다. 이렇게 해서 여자는 일곱 단계, 남자는 여덟 단계를 거쳐 태어나면서부터 사망하기까지의 생명 과정을 완성해간다.” [1]

'황제내경'의 내용을 쉽게 정리하면 이런 말이다. 동양 한의학에서는 남자의 인생 주기를 8년으로 본다. 그래서 8세, 16세, 24세, 32세로 진행된다. 반면 여자의 인생 주기는 7년으로 보고 있다. 7세, 14세, 21세, 28세, 35세로 진행되면서 성장과 노쇠 현상이 일어난다고 설명한다. 결국 JMS의 주장은 성경에 동양사상인 음양오행설과 한의학의 내용을 혼합시킨 것에 불과하다. 이것을 기독교 혼합주의라고 부른다.

앞으로 우리가 본론부에서 살펴볼 기독교 이단 JMS, 신천지, 하나님의 교회 등은 기독교의 모습을 띄고 있는 혼합주의라는 것을 기억할 필요가 있다. 이런 기독교 혼합주의 모습을 띈 이단들의 공통적인 특징은 교주의 말을 하나님의 말씀이요, 하늘의 계시라고 믿는다. 그러나 성경에서 말하는 계시는 그런 것이 아니다.

---

1) 지토 편, 「그림으로 풀어쓴 황제내경」, 홍순도, 홍관훈 역 (서울: 김영사, 2016), 50.

2. 계시란 무엇인가?

A.D. 95년 경, 사도 요한이 환상을 통해 하나님의 계시를 받았다. 이 계시의 말씀을 기록한 성경이 요한계시록이다.

> *"예수 그리스도의 계시라 이는 하나님이 그에게 주사 반드시 속히 일어날 일들을 그 종들에게 보이시려고 그의 천사를 그 종 요한에게 보내어 알게 하신 것이라"(계 1:1)*

계시는 헬라어 원어 "아포칼륍시스"를 번역한 것이다. 계시(啓示)는 '열다', '가르치다', '인도하다'는 뜻을 가진 '열 계(啓)'와 '보이다', '가르치다', '알리다'는 의미인 '보일 시(示)'이다. 그래서 계시를 쉽게 설명하면 '열어서 보여주다'라는 뜻이다. 요한계시록이란 예수님께서 자신의 뜻을 성도들에게 열어서 보여주신 성경인 것이다.

우리 개신교 성경은 요한계시록이라고 되어 있다. 그런데 가톨릭 성경은 요한묵시록이라고 되어있다. 묵시란 무엇일까? 묵시(默示)는 '은근히 보여주다'라는 뜻이다. 은근히 보여주시는 말씀이 요한계시록이기 때문에 "우리는 요한계시록을 모두 통달했어. 요한계시록 전체를 완전하게 깨달았어." 라고 말하는 사람이 있다면 그의 말은 신빙성이 없는 것이다. 쉽게 말하면 그 사람의 주장은 거짓말이다.

3. 예언서 아닌가요?

"요한계시록은 말세에 될 일들을 예언한 말씀이잖아요."라고 말하는 사람들이 있다. 이 책을 읽고 있는 당신은 어떻게 생각하는가? 요한계시록은 예언서일까, 아닐까? 정답은 예언서이다. 요한계시록에 예언이라고 말씀하고 있다.

> *"이 예언의 말씀을 읽는 자와 듣는 자와 그 가운데에 기록한 것을 지키는 자는 복이 있나니 때가 가까움이라"(계 1:3)*

우리가 성경에서 예언서라고 하면 구약성경의 이사야, 예레미야, 에스겔서 등을 떠 올릴 것이다. 그러면 예언서의 특징은 무엇일까? 예언서는 단순히 미래에 어떤 일이 벌어질 것을 말하는 것이 아니다. 이스라엘이 하나님의 계명과 율법을 지키지 않고 우상숭배를 비롯한 각종 부도덕한 행위로 죄악이 가득했을 시기에 예언자인 선지자가 하나님의 부르심을 받고 말씀을 선포했다. 예언자의 핵심 메시지는 이것이었다. "회개하라. 회개하지 않으면 하나님께서 너희를 심판하실 것이다. 그러나 회개하고 돌이키면 하나님께서 은혜를 베푸실 것이다." 예언자들의 외침에도 불구하고 이스라엘은 하나님께로 돌아오지 않았다. 그래서 주변국 앗수르, 바벨론의 공격을 받고 북 이스라엘과 남 유다는 패망하였다. 이런 역사적 교훈이 구약성경에 기록되어 있다.

사도 요한은 이 사실을 잘 알고 있었다. 그래서 소아시아 일곱 교회

중 다섯 교회에게 자신들의 모습을 돌아보고 회개해야 된다고 말했다. 만약 회개하지 않으면 하나님의 심판을 피할 수 없다고 전했다. 소아시아 다섯 교회는 어떤 죄를 회개해야 했던 것일까? 그들은 하나님을 향해 가졌던 처음 사랑이 식은 것을 회개해야 했다. 그리고 음녀로 비유된 거짓 교사들에게 미혹되어 교회를 혼란케 하고, 이단들의 교훈을 따르는 것을 회개해야 했다. 또 현실에 안주하며 나태한 신앙생활을 회개해야 했다.

이런 모습이 소아시아 교회에게만 해당하는 것일까? 그렇지 않다. 이런 모습은 이천 년 전이나 오늘이나 동일하다. 요한계시록은 이천 년 전의 말씀이지만 오늘을 살아가는 우리에게 던지는 하나님의 메시지라는 것을 잊어서는 안 될 것이다. 구약의 이스라엘과 신약 요한계시록의 일곱 교회는 하나님의 택하신 백성이라는 공통점을 가지고 있다. 하나님의 택함 받은 백성들에게 잘못이 있을 때 주님은 "회개하라."고 말씀하신다. 요한계시록이 예언서인 이유는 교회들에게 회개를 촉구하는 말씀이기 때문이다.

4. 장르를 아시나요?

음악에는 클래식, 트로트, 락, 발라드 등과 같은 다양한 장르가 있다. 마찬가지로 글로 기록된 책은 반드시 장르를 갖게 된다. 우리가 잘 아는 시편은 장르가 시(詩)이다. 그렇다면 요한계시록은 어떤 문학 장르에 해당할까? 사도 바울은 제자들과 교회들에게 하나님의 말씀을 편지로 기록해서 보냈다. 우리는 이것을 서신서라고 부른다. 그렇다면 요한계시록은 편지 즉 서신서일까, 아닐까? 정답은 편지, 서신서다. 요한계시록 2장과 3장은 에베소 교회, 서머나 교회, 버가모 교회, 두아디라 교회, 사데 교회, 빌라델비아 교회, 라오디게아 교회의 사자에게 보낸 편지다. 특별히 소아시아 일곱 교회들에게 복이 있기를 원한다고 말했다. 요한계시록의 첫 번째 장르는 서신서다.

두 번째 장르는 위에서 언급한 것과 같이 예언서, 선지서이다. 예언서의 핵심은 "회개하라."이다. 이제 마지막 세 번째 장르는 묵시서다. 어떤 사람에게는 묵시서라는 말이 생소할 수 있을 것이다. 묵시서를 묵시문학[2], 계시문학으로 표현하기도 한다. 구약성경에도 대표적인 묵시서가 있다. 바로 다니엘서이다. 성경의 묵시서인 다니엘서와 요한계시록에는 몇 가지 특징이 있다. 하나, 지상과 천상의 이야기가 함께 등장한다. 요한은 지상에 있는 소아시아 일곱 교회에 대한 환상과 더

---

2) 묵시문학이란 하나님께서 외계의 중재자를 통하여 사람인 선견자에게 주신 계시를 기록한 것인데, 이 계시의 목적은 이것을 듣는 청중들의 이해와 행동에 영향을 주기 위한 것이다. (Charles H. Talbert, 「묵시록」, 안효선 역 (서울: 에스라서원, 2001), 14.

불어 보좌와 네 생물과 이십사 장로 등이 있는 천상을 보았다. 둘, 예언서는 도덕적, 영적 타락 때문에 회개를 촉구하는 데 비중을 두는데, 묵시서는 성도들에게 핍박과 환난이 있지만 최후 승리를 믿으며 인내할 것을 권면한다. 그래서 묵시서의 핵심 키워드는 "충성하라."이다. 셋, 예언서는 특정한 나라들에 대한 심판을 말하고 있고, 묵시서는 모든 나라와 우주적인 심판을 말한다.[3] 이렇듯 요한계시록은 보통 한 가지 장르인 다른 성경과는 달리 세 가지의 장르라는 독특한 특징을 가지고 있다. 그런데 요한계시록을 가장 대표하는 문학 장르는 묵시서다. 그래서 요한이 환상을 통해서 본 계시의 제목이 요한계시록인 것이다.

그런데 우리 주변의 이단들은 요한계시록을 주로 예언서로 이해하려는 경향을 보인다. 그들이 말하는 예언이란 미래에 일어날 어떤 사건을 의미한다. 그런데 미래에 일어날 하나님의 심판에 대한 내용을 자신들만이 깨달아 알고 있다고 주장한다. 왜냐하면 하나님께서 자신들에게만 계시해 주었다고 믿기 때문이다. 이 말은 자신들 안에서만 구원과 영생 그리고 천국이 있다는 말이다. 이단들은 예언서와 묵시서의 차이점을 알지 못하기 때문에 이런 주장을 하는 것이다. 그래서 우리는 배워야 한다. "배워서 남 주나?"라는 말이 있다. 그렇다. 우리는 배워서 다른 사람을 유익하게 하는 사명을 받은 사람들이다. 이제부터라도 요한계시록을 잘 배우고 익히면 주님의 사명을 잘 감당할 수 있게 될 것이다.

---

3) 권종선, 「해석과 비평」 (대전: 침례신학대학교출판부, 2005), 143-144.

5. 어떤 요한일까?

성경에는 요한이 여러 명 나온다. '요한'하면 제일 먼저 떠오르는 사람이 있다. 그는 요단강에서 예수님께 세례(침례)를 베푼 요한이다. 그 요한이라면 요한계시록을 기록하기에 충분한 영성을 가지고 있던 훌륭한 하나님의 선지자이다. 그러나 세례(침례) 요한은 헤롯왕의 생일잔치 날에 죽임을 당했다.[4] 베드로의 아버지 이름도 요한이었다.[5] 예수님은 베드로를 "요한의 아들 시몬아."라고 부르셨다. 그러나 베드로의 아버지는 요한계시록을 기록하지 않았다. 또 전도자 바나바 그리고 바울과 함께 전도여행을 떠났던 요한이 있다. 그는 마가라 하는 요한이었다.[6] 마가라 하는 요한은 최초의 복음서인 마가복음을 기록했다. 그렇다면 마가복음을 기록한 요한이 요한계시록을 기록했을까? 그렇지 않다.

요한계시록을 기록한 사람은 예수님의 열두 제자 중 한 명인 사도 요한이다. 초대교회 교부 저스틴은 『유대인 트리폰과의 대화』에서 요한계시록의 저자가 누구인지 다음과 같이 기술했다.

"우리와 함께 어떤 사람이 있었는데, 그의 이름은 그리스도의 사도 중 한 사람이었던 요한이었다. 그는 자신에게 전해진 계시를 통해 예

---

4) 마 14:1-12
5) 요 21:15-17
6) 행 12:12

언을 했는데, 그것은 우리의 그리스도를 믿게 된 사람들이 천 년 동안 예루살렘에 거할 것이며, 그 후 일반적, 간단히 말해서 모든 사람들의 영원한 부활과 심판이 일어날 것이라는 예언이었다." [7]

그는 야고보와 형제였고, 예수님을 따르기 전에는 갈릴리 호수에서 고기를 잡는 어부였다. 그는 노년에 밧모 섬에 갇히게 되었다. 예수 그리스도를 믿는다는 이유 때문에 유배를 간 것이다. 사도 요한은 소아시아 일곱 교회의 목회자였다. 그의 관심은 자신의 안락보다 소아시아 일곱 교회 성도들에게 있었다. 신앙 때문에 고난을 당하는 성도들을 위해 기도하던 요한에게 하나님은 천사를 통해 예수 그리스도의 계시를 환상으로 보여주셨다. 요한은 그 환상을 본 후 그리스도인들의 최후 승리를 확신하게 되었다. 그리고 그 내용을 편지로 써서 소아시아 일곱 교회에 보냈다.

여기에서 중요한 것이 하나 있다. 그것은 사도 요한이 요한계시록만 기록한 것이 아니라는 것이다. 하나님은 사도 요한을 통해 요한복음, 요한일서, 요한이서, 요한삼서를 기록하게 하셨다. 그리고 마지막으로 요한계시록을 쓰게 하셨다. 우리가 요한계시록을 잘 이해하기 위해서는 요한복음, 요한일서, 요한이서, 요한삼서를 함께 읽고, 공부해야 한다. 그 이유는 요한계시록을 기록한 동일 저자의 다른 책들을 함께 읽을 때 그가 평소에 사용했던 단어와 그 의미 그리고 요한이 평소에 가지고 있었던 영적인 관심이 무엇이었는가를 알 수 있기 때문이다.

---

7) 이광진, 「요한계시록」 (대전: 도서출판 대장간, 2012), 53-54.

II 부

요한계시록으로 정면 돌파하라!

1. 구름을 타고 오시리라 :: 요한계시록 1장

2015년 4월, 호주 퍼스 부활절연합집회를 사흘 동안 인도했다. 이틀은 이단예방세미나를 했고, 마지막 날에는 "평신도와 함께 읽는 열린 계시록"이라는 제목으로 요한계시록 특강을 했다. 나는 집회에 참석한 성도들에게 요한계시록 1장 7절을 함께 소리 내어 읽어보자고 제안했다.

"볼지어다 그가 구름을 타고 오시리라 각 사람의 눈이 그를 보겠고 그를 찌른 자들도 볼 것이요 땅에 있는 모든 족속이 그로 말미암아 애곡하리니 그러하리라 아멘"(계 1:7)

성경을 읽은 후, 성도들에게 이렇게 질문했다. "'볼지어다 그가 구름을 타고 오시리라'에서 제일 중요한 단어는 무엇일까요?" 이 질문을 받은 성도들 중 어떤 사람은 "오시리라", 어떤 사람은 "볼지어다"라고 큰 소리로 말했다. 나는 뜨겁게 반응을 보여준 성도들에게 감사의 인사를 했다. 그리고 성도들에게 두 주먹을 불끈 쥐어보라고 말했다. "지금부터 제가 '볼지어다 구름을 타고 오시리라. 누가?'라고 말하면 '그가'라고 외쳐주시기 바랍니다. 하실 수 있겠죠? 그럼 세 번을 해보겠습니다. 볼지어다 구름을 타고 오시리라. 누가?" 성도들은 내 말이 끝나기 무섭게 기다렸다는 듯이 지붕이 떠나갈 만큼 큰 소리로 "그가"라고 외쳤다.

이렇게 "그가"를 세 번 외친 후, 나는 다시 한 번 성도들에게 질문했다. "요한계시록 1장 7절 '볼지어다 그가 구름을 타고 오시리라'에서 가장 강조하고 있는 단어는 무엇일까요?" 성도들은 웃으면서 큰 소리로 "그가."라고 대답했다. 그렇다. "볼지어다 그가 구름을 타고 오시리라"에서 가장 강조하는 단어는 "그"인 것이다. 그 이유는 "오시리라"로 번역 된 헬라어 "에르코마이"에서 찾을 수 있다. "에르코마이"는 요한계시록에서 총 네 번 나온다. 그런데 "에르코마이"는 네 번 모두 현재, 직설법, 중간태로 기록되었다. 이 문법은 행위의 주체를 강조할 때 사용하는 용법이다. 그래서 "오시리라"의 주어가 되는 "그"를 강조하는 것이다. 그런데 우리 주변의 이단들 중 상당수가 이 말씀의 "구름"을 강조하고 있다.

세칭 신천지는 교리비교 동영상에서 요한계시록 1장 7절 '구름 타고 오심'의 참 의미가 무엇인지 아느냐고 질문한다. 그들은 "구름을 타고 오시리라"는 말씀을 비유로 풀어서 설명한다. 신천지는 진짜 구름을 타고 오는 것이 아니라 눈으로 볼 수 없는 영을 구름으로 비유했다고 주장한다. 부연설명을 하면 예수님께서 다시 오실 때에 천사들이 함께 내려오는데 천사들은 육체가 아닌 영이다. 그래서 신천지는 구름이 비유로써 영적인 존재인 천사들이라고 주장한다. 그렇다면 왜 신천지는 구름을 영으로 해석하는 것일까? 이들은 재림 때에 예수님께서 보이는 육으로 오지 않고, 보이지 않는 영으로 온다고 믿는다. 그런데 재림 때에 영이신 예수님이 한 육체를 택하는데, 그가 이긴 자가 되어 새 나라와 새 민족을 창조한다고 말한다. 신천지 총회장 이만희는 다음과 같이 말했다.

"이와 같이 오늘날 대언의 목자 보혜사는 예수님의 이름으로 오시게 되고, 영으로 오시는 예수님은 대언의 목자와 함께 하시니, 대언의 목자 요한의 증거가 곧 예수님의 증거이며 이 대언의 목자를 보는 것이 곧 예수님을 보는 것이다. 또한 마태복음 25장 40절에서는 너희가 지극히 작은 자에게 한 것이 내게 한 것이라 하심같이 이 대언의 목자를 핍박하는 것이 곧 예수님을 찌르는 것이 된다." [8)]

그들이 말하는 예수님의 영이 임한 육체는 누구이며, 이긴 자는 누구일까? 또 대언의 목자이면서 자칭 보혜사는 어떤 사람일까? 그는 바로 신천지 총회장 이만희를 지칭하는 것이다.

세칭 JMS는 구름을 어떻게 해석할까? 신천지와 똑같은 점은 구름을 비유로 해석한다는 것이다. 그런데 JMS의 구름에 대한 해석과 신천지의 해석을 비교해 보면 큰 차이가 있다는 것을 발견하게 된다. 그들은 예수님이 실제로 구름을 타고 오시지 않고, 육체인 마리아의 몸을 통해 세상에 오셨기 때문에 구름은 곧 사람을 비유한 것으로 해석한다. JMS 총재 정명석은 구름에 대해 다음과 같이 말했다.

"유대 종교인들이 과거 다니엘서의 '인자가 구름을 타고 온다.'는 구절을 문자 그대로 믿었듯이 현 기독교가 만일 구름으로 비유한 문장을 문자 그대로 믿는다면 유대 종교와 똑같은 과오를 저지를 수밖에 없다. 그러므로 자신이 구름이란 사실을 분명하게 인식하고 신앙

---

8) 이만희, 「천국비밀계시」 (경기도: 도서출판 신천지, 1998), 43.

생활을 해야 한다." [9]

그들은 초림 때 예수님께서 성경의 구름으로 비유된 하나님의 선택을 받은 한 사람의 육체를 통해 이 땅에 오셨듯이 2,000년이 지난 지금 재림 예수도 하나님이 선택한 한 사람의 육체에 임했다고 말한다. 그렇다면 그들이 말하는 예수님의 영이 임한 그 사람은 누구일까? 당연히 정명석이다. 왜 정명석은 이런 주장을 하는 것일까? 그 이유는 정명석 자신이 하나님께 선택받은 사람으로 예수의 영이 임한 육체라는 것을 정당화하기 위해서다. 그리고 이것을 JMS 신도들에게 믿게 하기 위함이다. 결국 자신이 재림주가 되고, 자신을 통해서 소위 말하는 애인, 신부급 구원을 받을 수 있다고 주장하는 것이다.

이것을 정당화하기 위해 그는 1546년 루터 사망 이후 400년이 지나면 메시아가 탄생한다고 신도들에게 가르쳤다. 정명석은 종교개혁가 마르틴 루터를 신약시대의 마지막 선지자라고 말했다. 도대체 마르틴 루터를 신약시대의 마지막 선지자라고 말하는 이유는 무엇일까? 그 이유는 구약시대 말라기 선지자가 사망하고 400년이 지난 후에 메시아 예수님이 탄생하신 것 같이, 마르틴 루터가 죽고 400년 후에 동방에서 재림주가 태어난다는 근거를 만들기 위함이다. 루터가 1546년에 사망을 했는데, 거기에 400년을 더하면 1946년이다. 그런데 정명석은 양력과 음력을 운운하면서 1945년과 1946년 사이에 재림주, 메시아가 태어난다고 말했다. JMS의 이런 주장에 대해 우리가 조금만 관심

---

9) 세계청년대학생MS연맹, 「초급편」, (서울: 세계청년대학생MS연맹 기획실, n.d.), 148.

을 기울이면 그들의 속셈이 무엇인지 금방 알게 될 것이다.

세칭 하나님의 교회는 구름을 어떻게 풀이할까? 그들은 요한계시록 1장 7절의 구름을 비유라고 주장한다. 그렇다면 무엇을 비유했다는 것일까? 구약성경 다니엘서에 인자가 구름을 타고 온다고 했지만 실제로 구름을 타고 오지 않았기 때문에 구름은 비유라고 말한다. 오히려 예수님이 마리아의 몸을 통해서 육신을 입고 이 땅에 태어났기 때문에 구름은 육체를 비유한 것이라고 해석한다. 초림 때의 예수님이 구름인 마리아의 육체를 입고 오신 것 같이, 재림 때의 재림 예수도 사람의 육체를 입고 이 땅에 온다는 것이다. 하나님의 교회에서 말하는 재림 예수가 누구의 육체에 재림했다는 것일까? 자칭 재림 예수라고 주장하는 안상홍이다.

기독교 이단 JMS와 하나님의 교회는 구름을 사람 즉 육체를 비유한 것이라고 말하고, 신천지는 영을 비유한 것이라고 주장한다. 도대체 누구의 해석이 옳은 것일까? 결론적으로 말하면 JMS, 하나님의 교회 그리고 신천지는 요한계시록 1장 7절의 구름을 잘못 해석했다.

이제 요한계시록 1장 7절의 “볼지어다 그가 구름을 타고 오시리라”에 대한 정통교회의 바른 해석이 어떻게 되는지 살펴보도록 하겠다. 본문의 ‘구름을 타고’라는 말씀은 원어로 “메타 톤 넵헬론”이다. ‘타고’로 번역된 “메타”는 ‘~과 함께’ 또는 ‘~가운데서’라는 뜻이다. 그래서 요한계시록 1장 7절 ‘구름을 타고’라는 말씀을 직역하면 ‘구름과 함께’ 또는 ‘구름 가운데’라는 뜻이 된다. 그렇다면 요한계시록 1장 7절의 구름은 무엇을 상징하는 것일까? 본문의 구름은 하나님의 영광과 임재 그리고 능력을 상징한다. 그 대표적인 예가 출애굽기에 나온다.

"셋째 날 아침에 우레와 번개와 빽빽한 구름이 산 위에 있고 나팔 소리가 매우 크게 들리니 진중에 있는 모든 백성이 다 떨더라"(출 19:16)

출애굽한 이스라엘 백성들이 시내 광야에 있을 때에 시내산에 임재하신 하나님은 구름 가운데 계셨다. 시내산에 임재하신 하나님의 영광과 능력을 본 이스라엘 백성들은 모두 두려움에 떨었다. 그래서 구름은 하나님의 임재와 영광 그리고 능력을 상징하는 단어가 되었다. 또 다른 예가 다니엘서에 나온다. 다니엘이 환상을 통해 받은 말씀에 구름이 등장한다.

"내가 또 밤 환상 중에 보니 인자 같은 이가 하늘 구름을 타고 와서 옛적부터 항상 계신 이에게 나아가 그 앞으로 인도되매 그에게 권세와 영광과 나라를 주고 모든 백성과 나라들과 다른 언어를 말하는 모든 자들이 그를 섬기게 하였으니 그의 권세는 소멸되지 아니하는 영원한 권세요 그의 나라는 멸망하지 아니할 것이니라"(단 7:13-14)

다니엘서에서는 세상의 구원자 즉 메시아가 구름을 타고 오신다고 예언했다. 여기에서 구름을 타고 온다는 것은 영광과 능력으로 임재하는 것을 상징하는 표현이다. 그런데 다니엘서의 말씀은 신약성경 예수님의 말씀 속에서도 찾아 볼 수 있다.

"그 때에 인자의 징조가 하늘에서 보이겠고 그 때에 땅의 모든 족속

들이 통곡하며 그들이 인자가 구름을 타고 능력과 큰 영광으로 오는 것을 보리라 그가 큰 나팔소리와 함께 천사들을 보내리니 그들이 그의 택하신 자들을 하늘 이 끝에서 저 끝까지 사방에서 모으리라"(마 24:30-31)

예수님은 이 땅에 계실 때도 제자들에게 인자가 구름을 타고 올 것에 대해 말씀하셨다. 무엇보다 이단들의 주장과는 달리 실제 구름과 함께 오신다고 약속하셨다는 것이 중요하다. 이것을 뒷받침할 수 있는 성경적 근거가 있을까? 당연히 있다.

"이 말씀을 마치시고 그들이 보는데 올려져 가시니 구름이 그를 가리어 보이지 않게 하더라 올라가실 때에 제자들이 자세히 하늘을 쳐다보고 있는데 흰 옷 입은 두 사람이 그들 곁에 서서 이르되 갈릴리 사람들아 어찌하여 서서 하늘을 쳐다보느냐 너희 가운데서 하늘로 올려지신 이 예수는 하늘로 가심을 본 그대로 오시리라 하였느니라"(행 1:9-11)

복음서의 예수님의 말씀은 요한계시록 1장 7절에서 다시 한 번 반복된다. 단지 차이가 있다면 전에는 직접 제자들에게 말씀한 것이고, 요한계시록에서는 환상을 통해 계시한 것이다. 이 계시가 요한계시록의 소아시아 일곱 교회에게만 해당되는 말씀일까? 그렇지 않다. 모든 그리스도인들 역시 구름과 함께 영광과 능력으로 이 땅에 재림하실 예수님을 기다리며 믿음의 진보와 복음의 진보를 이루며 나아가야 할 것이다.

2. 흰 돌 :: 요한계시록 2장

자신들을 어머니 하나님을 믿는 사람들이라고 소개하는 사람들이 있다. 우리는 이곳을 세칭 안상홍 증인회, 하나님의 교회라고 부른다. 하나님의 교회에서는 요한계시록 2장 17절에 나오는 흰 돌을 무엇이라고 해석할까?

"귀 있는 자는 성령이 교회들에게 하시는 말씀을 들을지어다 이기는 그에게는 내가 감추었던 만나를 주고 또 흰 돌을 줄 터인데 그 돌 위에 새 이름을 기록한 것이 있나니 받는 자 밖에는 그 이름을 알 사람이 없느니라"(계 2:17)

그들은 흰 돌을 새 언약이라고 풀이한다. 그 이유는 옛날 이스라엘 백성들이 언약을 맺을 때 흰 돌에 기록했기 때문이라는 것이다. 그래서 하나님의 교회 신도들은 흰 돌 위에 기록된 새 이름을 새 언약의 이름이라고 믿고 있다. 이들은 이렇게 설명한다. 언약의 이름은 예수님인데, 2000년이 지난 지금 예수님의 또 다른 이름이 새 이름이라는 것이다. 그렇다면 그들이 말하는 언약의 새 이름은 누구의 이름일까? 그 이름은 하나님의 교회 교주 안상홍이다. 하나님의 교회 홈페이지를 보면 안상홍을 재림 예수라고 추앙하는 것을 볼 수 있다.

"재림 그리스도, 새 언약을 회복하신 재림 예수님 안상홍님. 성부시

대 여호와 하나님께서는 애굽에서 종살이하던 이스라엘 백성들을 유월절로 구속하셨습니다. 성자시대 예수님께서도 사망의 종노릇하던 인류를 새 언약 유월절로 구원하셨습니다. 성령시대 안상홍님께서도 새 언약 유월절로 영생의 축복을 허락해주셨습니다."

결국 이들이 말하는 요한계시록 2장 17절의 흰 돌은 그들의 교주와 연관되어 있다. 그렇다면 정말 흰 돌이 하나님의 교회에서 말하는 것처럼 새 언약일까? 만약 흰 돌이 새 언약이 아니라면 정통교회의 바른 해석은 무엇일까? 정통교회의 바른 해석을 알아보기 전에 세칭 신천지에서는 흰 돌을 어떻게 해석하는지 살펴보고자 한다. 일단 신천지에서 흰 돌을 어떻게 해석하는지 알기 위해 그들이 제작한 교리비교 동영상을 봤다. 신천지는 돌을 비유라고 말했다. 그들은 돌을 심판하는 도구 또는 심판자라고 해석했다. 결론적으로 신천지는 흰 돌을 심판의 말씀과 심판하는 말씀을 받은 자라고 주장했다.

그들이 말하는 심판의 말씀을 받은 자는 신천지 총회장 이만희다. 동영상 속 신천지 강사는 이긴 자인 이만희가 거짓 목자들을 말씀으로 심판하고 신천지 12지파를 창조한다고 말했다. 그들이 말하는 거짓 목자란 정통교회 목회자들을 의미한다. 이 말은 자신들이 하나님의 말씀으로 정통교회를 심판하고 영적 새 이스라엘인 12지파 십사만 사천인 "신천지 예수교 증거장막성전"을 세우게 된다는 황당한 주장이다. 그렇다면 신천지의 흰 돌 해석은 옳은 것일까? 결론부터 말하면 그들의 흰 돌에 대한 해석은 비성경적이고 잘못된 해석이다.

요한계시록 2장 17절은 버가모 교회 성도들에게 보낸 편지다. 예수님은 버가모 교회 성도들이 믿음의 선한 싸움을 싸워 승리하기를 원하셨다. 믿음의 선한 싸움을 싸워 승리하는 성도들에게 약속하신 것이 흰 돌이다. 쉬운 예를 들어보자. 운동회 날 학생들은 이어달리기를 한다. 철수는 자기반 대표 선수로 뽑혔다. 반별로 대표 선수들이 출발선 앞으로 모였다. 그리고 출발을 알리는 신호와 함께 전력 질주했다. 마지막 주자로 나선 철수는 결승점을 일등으로 통과했다. 운동회 이어달리기 우승을 한 철수는 상을 받았다. 어떤 상을 받았겠는가? 1번 자기 말을 듣지 않는 반 학생들을 심판할 수 있는 권세, 2번 공책 10권. 정답은 2번이다.

우리는 요한계시록 2장 17절의 흰 돌이 "이기는 그"와 연관되어 있다는 것을 생각하면서 본문을 해석해야 한다. 그러나 신천지는 자신들의 잘못을 지적하는 정통교회의 목소리와 의견이 마냥 싫고 귀찮은 것이다. 그들은 정통교회를 심판하고 싶은 마음이 굴뚝같다. 그러니 그들에게 요한계시록의 흰 돌이 상(償)으로 보이지 않고, 심판의 도구로 보이는 것은 어쩌면 당연한 일이다. 그러나 흰 돌은 신천지의 주장과는 달리 하나님의 은혜이면서 예수님이 주시는 선물인 것이다. 상식적으로 이기는 사람이 선물을 받는 것이 당연하다. 그런데 이기는 자가 심판의 말씀을 받는다는 것은 앞뒤가 맞지 않는다. 그러면 왜 신천지는 흰 돌을 심판의 말씀과 심판자라고 해석하는 것일까? 그 이유는 정통교회를 비방해서 성도들을 미혹하기 위함이다. 신천지는 이런 방법으로 정통교회를 욕하고 성도들을 미혹했다. 위에서 살펴본 것처럼 흰 돌에 대한 하나님의 교회의 해석도, 신천지의 비유풀이도 틀린 것이라면 정통교회의 바른 해석은 무엇일까? 이해를 돕기 위해 내게 있었던 일 하나를 소개한다.

광주CBS 방송설교 녹음을 마치고 나오는데, 담당 PD가 내게 말했다. "목사님, 이번에 저희 광주CBS가 방송통신위원회로부터 음악 FM 설립허가를 받았습니다. 그래서 이번에 김대중 컨벤션센터에서 개국 축하콘서트가 있습니다. 그리고 축하콘서트 전에 개국 기념 감사예배와 리셉션이 있습니다. 목사님도 리셉션에 꼭 오시면 좋겠습니다. 리셉션 초청장을 보내드리겠습니다." 나는 PD에게 초청해줘서 고맙다고 말했다.

2019년 3월 26일 화요일 광주CBS 음악 FM 개국 리셉션 및 축하콘서트 하는 날이 되었다. 나는 정장을 하고 감사예배를 드리는 홀에 들어갔다. 안내자가 내 이름을 확인하고 지정된 좌석으로 안내했다. 잠시 후, 전 국회의장, 국회의원, 방송관계자, 교계 지도자들의 축하메시지가 있었다. 나는 그때 내가 광주CBS 음악 FM 개국 리셉션에 귀빈 즉 VIP(Very Important Person)로 초대받았다는 것을 깨닫게 되었다. 그래서 행사장에서 PD를 만났을 때 나는 나를 리셉션에 초청해준 PD에게 고맙다고 말했다.

우리는 중요한 모임에 초청받을 때가 있다. 그때 우리를 초청한 사람은 사전에 "당신을 이번 행사에 VIP 귀빈으로 초대합니다."라는 뜻이 담긴 초청장을 보내온다. 그렇다면 요즘만 초청장을 보내는 것일까? 그렇지 않다. 특별히 요한계시록이 기록된 성경시대에도 잔치에 귀빈을 초청할 때 초청장을 전달했다. 이 초청장은 "테세라"라 불리는 흰 돌이었다. 흰 돌은 성경 시대에 잔치와 축제에 손님을 초청할 때 사

용했던 초청장이었다.[10)]

그렇다면 믿음의 선한 싸움에 승리하는 성도에게 주시는 흰 돌은 무엇을 상징하는 것일까? 이것은 예수님이 다시 오시는 날, 어린 양의 혼인잔치에 청함을 받은 사람들이 참석할 수 있는 특권을 뜻한다. 더 쉽게 말하면 새 하늘과 새 땅에 들어갈 수 있는 특권이다. 이것은 성도의 노력에 의해서 얻는 것이 아니라 하나님의 은혜로 받게 된다. 그것이 무엇일까? 그것은 하나님의 은혜와 예수님을 믿는 믿음으로 얻게 되는 구원이다.

"내가 확신하노니 사망이나 생명이나 천사들이나 권세자들이나 현재 일이나 장래 일이나 능력이나 높음이나 깊음이나 다른 어떤 피조물이라도 우리를 우리 주 그리스도 예수 안에 있는 하나님의 사랑에서 끊을 수 없으리라"(롬 8:38-39)

세상의 흰 돌은 잃어버리고 빼앗길 수 있지만, 예수님이 주신 흰 돌은 그 누구도 빼앗을 수가 없다. 오늘도 믿음의 선한 싸움을 싸우는 성도들은 새 하늘과 새 땅에 들어갈 수 있는 특권, 연석 초청장 흰 돌을 받은 VIP, 귀빈인 것이다.

---

10) 김광수, 「요한계시록」(대전: 침례신학대학교출판부, 2017), 135.

3. 이기는 자 : : 요한계시록 3장

기독교 이단의 종류는 크게 두 가지로 나뉜다. 하나는 교리형(教理型) 이단이고, 다른 하나는 교주형(教主型) 이단이다. 교리형 이단이란 말 그대로 성경 해석과 교리가 비성경적이라는 것이다. 예를 들어보겠다. 세칭 몰몬교는 예수 그리스도가 하나님과 마리아의 성적 관계로 태어났으며, 루시퍼가 예수님의 동생이라고 주장한다. 또 세칭 구원파는 한 번 죄 사함을 받으면 더 이상 회개를 할 필요가 없다고 주장한다. 이와 같이 성경의 가르침과는 다른 해석을 하는 단체를 이단이라고 부른다. 조금 더 정확하게 말하면 교리형 이단인 것이다. 몰몬교와 구원파 외에도 안식교, 여호와의 증인, 신사도운동 등이 교리형 이단에 해당된다. 이런 종류의 이단은 특정인을 교주로 믿지는 않지만 성경을 자의적으로 해석하고, 정통교회를 비난한다. 이들은 교주형 이단처럼 자신들의 지도자를 '이긴 자'라고 부르지는 않는다.

그러나 교주형 이단은 특정 인물을 하나님, 예수 그리스도, 보혜사 성령과 같은 신적 존재로 신도들이 추앙한다.[11] 그리고 자신들의 지도

---

11) 남태평양 피지에서 '타작마당'이라는 이름으로 폭력을 행사해서 물의를 일으킨 은혜로교회는 구속된 담임목사 신옥주를 "또 다른 보혜사"라고 주장하고 있다. "창세 이래 지금까지 그 어느 목사도, 그 어느 종교 지도자도 알지 못했던 완전히 차원이 다른 하나님 나라의 비밀을 신옥주 목사님께서 밝히 드러낼 수 있었던 것은 예수 그리스도께서 아버지께 구하여 보내시겠다고 하신 '또 다른 보혜사' 즉 '진리의 성령의 그릇'으로 오신 분이 바로 은혜로교회 신옥주 목사님이시기 때문입니다." 위 사실에 근거해서 볼 때 은혜로교회는 교리형 이단을 넘어 교주형 이단이라는 것을 알 수 있다. 은혜로교회, 「그 피고가 와서 밝히느니라」(경기도: 은혜로교회, 2019), 10.

자를 요한계시록의 '이긴 자'로 여긴다. 물론 이들의 성경 가르침도 교리형 이단과 같이 자의적이고, 비성경적인 해석을 하고 있다. 그 대표적인 예가 신천지, JMS, 하나님의 교회, 통일교, 천부교 등이다.

기독교 이단 천부교의 교주 박태선은 자신을 '이긴 자'라고 말했다. 그렇다면 그는 예수 그리스도를 자신의 추종자들에게 무엇이라고 가르쳤을까? 그는 예수 그리스도를 구원의 근본도 모르는 인간이고 마귀의 아들이라고 주장했다. 그런데 그의 가르침을 받은 일부 사람들은 또 다른 이단집단을 만들었다. 그 중의 한 사람이 신천지 총회장 이만희이다. 그는 과거 천부교의 교주 박태선이 주도하는 신앙촌에서 생활했다. 그런데 이만희는 신천지 내부에서 요한계시록에서 말하는 '이긴 자'로 추앙을 받고 있다. 신천지에서 제작한 동영상을 보면 요한계시록 2장과 3장에 나오는 '이긴 자'가 자칭 약속의 목자이며 보혜사인 이만희를 의미한다는 것을 쉽게 알 수 있다. 신천지에서 그를 '이긴 자'라고 주장하는 이유는 요한계시록 전장을 보고 듣고 깨달은 유일한 사람이기 때문이라고 말한다. 정말 그들이 주장하는 것이 옳은 것일까? 결론적으로 말하면 신천지의 주장은 결코 옳지 않다.

요한계시록 2장과 3장을 자세히 읽어보면 그 해답을 찾을 수 있다. 사도 요한은 일곱 교회에 편지를 썼고, 환란과 시련이 있어도 믿음을 끝까지 지킬 것을 강조했다. 그리고 각 교회에게 승리하는 신앙이 받게 될 복이 무엇인지 간략하게 기록했다.

"귀 있는 자는 성령이 교회들에게 하시는 말씀을 들을지어다 이기는 그에게는 내가 하나님의 낙원에 있는 생명나무의 열매를 주어 먹

게 하리라"(계 2:7)

"귀 있는 자는 성령이 교회들에게 하시는 말씀을 들을지어다 이기는 자는 둘째 사망의 해를 받지 아니하리라"(계 2:11)

"귀 있는 자는 성령이 교회들에게 하시는 말씀을 들을지어다 이기는 그에게는 내가 감추었던 만나를 주고 또 흰 돌을 줄 터인데 그 돌 위에 새 이름을 기록한 것이 있나니 받는 자 밖에는 그 이름을 알 사람이 없느니라"(계 2:17)

"이기는 자와 끝까지 내 일을 지키는 그에게 만국을 다스리는 권세를 주리니 그가 철장을 가지고 그들을 다스려 질그릇 깨뜨리는 것과 같이 하리라 나도 내 아버지께 받은 것이 그러하니라"(계 2:26-27)

"이기는 자는 이와 같이 흰 옷을 입을 것이요 내가 그 이름을 생명책에서 결코 지우지 아니하고 그 이름을 내 아버지 앞과 그의 천사들 앞에서 시인하리라"(계 3:5)

"이기는 자는 내 하나님 성전에 기둥이 되게 하리니 그가 결코 다시 나가지 아니하리라 내가 하나님의 이름과 하나님의 성 곧 하늘에서 내 하나님께로부터 내려오는 새 예루살렘의 이름과 나의 새 이름을 그이 위에 기록하리라"(계 3:12)

"이기는 그에게는 내가 내 보좌에 함께 앉게 하여 주기를 내가 이기고 아버지 보좌에 함께 앉은 것과 같이 하리라"(계 3:21)

성경은 각 교회에게 '이긴 자'가 되라고 말하지 않고 '이기는 자'가 되라고 말씀하고 있다. '이긴 자'는 모든 경기가 끝난 사람을 뜻한다. 그러나 '이기는 자'는 아직 경기가 끝나지 않았기 때문에 마지막 푯대에 이를 때까지 경기를 포기하면 안 된다. 그래서 사도 바울은 믿음의 여정을 경기로 비유했다.

"내가 이미 얻었다 함도 아니요 온전히 이루었다 함도 아니라 오직 내가 그리스도 예수께 잡힌 바 된 그것을 잡으려고 달려가노라 형제들아 나는 아직 내가 잡은 줄로 여기지 아니하고 오직 한 일 즉 뒤에 있는 것은 잊어버리고 앞에 있는 것을 잡으려고 푯대를 향하여 그리스도 예수 안에서 하나님이 위에서 부르신 부름의 상을 위하여 달려가노라"(빌 3:12-14)

히브리서 기자도 성도를 이기는 다툼이 아직 남아있는 경기장의 선수로 비유했다.

"이러므로 우리에게 구름 같이 둘러싼 허다한 증인들이 있으니 모든 무거운 것과 얽매이기 쉬운 죄를 벗어 버리고 인내로써 우리 앞에 당한 경주를 하며 믿음의 주요 또 온전하게 하시는 이인 예수를 바라보자 그는 그 앞에 있는 기쁨을 위하여 십자가를 참으사 부끄러움을

개의치 아니하시더니 하나님 보좌 우편에 앉으셨느니라"(히 12:1-2)

소아시아 일곱 교회 성도들은 하나님께서 예비하신 새 하늘과 새 땅 즉 천국에 아직 이르지 못한 사람들이다. 그렇기 때문에 요한계시록 일곱 교회는 '이긴 자'가 아닌 "이기는 자"라고 기록된 것이다. 원어를 살펴보면 이 뜻이 더욱 분명해진다. "이기는 자"는 헬라어 "호 니콘"인데 현재 분사형으로 기록되었다. 번역하면 '계속해서 이기는 자'라는 뜻이다. 한 번의 승리로 끝이 아니라 계속되는 경기 속에서 최종 목적지에 도달하기까지 이겨내야 할 과제가 있다는 것을 의미한다. 특별히 소아시아 일곱 교회 성도들은 로마제국으로부터 받는 핍박과 고난을 이겨내야 했다. 또 이단들의 거짓 교훈으로부터 신앙을 지켜야 하는 과제가 남아있었다. 그렇다면 요한계시록에서 말하는 '이긴 자'는 누구일까? 요한계시록은 우리에게 누가 '이긴 자'인지 분명하게 말하고 있다.

"이기는 그에게는 내가 내 보좌에 함께 앉게 하여 주기를 내가 이기고 아버지 보좌에 함께 앉은 것과 같이 하리라"(계 3:21)

예수님은 라오디게아 교회 성도들에게 "내가 이기고"라고 말씀하셨다. 성경에서 말씀하는 '이긴 자'는 예수 그리스도이다. 예수님은 공생애 기간 중에도 제자들에게 '이긴 자'가 누구인가를 분명하게 말씀하셨다.

"이것을 너희에게 이르는 것은 너희로 내 안에서 평안을 누리게 하려 함이라 세상에서는 너희가 환난을 당하나 담대하라 내가 세상을 이기었노라"(요 16:33)

대체로 이단의 교주들은 요한계시록이 '이긴 자'인 자신을 증언한다고 주장한다. 언제나 그렇듯이 이단의 교주들은 예수님의 자리에 자신을 올려놓으려고 한다. 그러나 요한계시록에서 말씀하는 '이긴 자'는 죽임당한 어린 양이며 구원과 심판의 주님으로 다시 오실 예수 그리스도를 지칭하는 것이다.

4. 이십사 장로들 :: 요한계시록 4장

선교단체 간사로 사역할 때의 일이다. 수련회 강사로 침례신학대학교 L교수를 강사로 초청했다. "사랑하는 그 제자"라는 제목으로 삼일 동안 저녁마다 말씀을 들었다. "사랑하는 그 제자"는 요한복음, 요한일서, 요한이서, 요한삼서 그리고 요한계시록을 기록한 사도 요한이다. 삼일 째 되던 날, L교수는 요한계시록을 본문으로 설교했다. 그런데 본문에 이십사 장로가 나왔다. 그때만 해도 요한계시록이 마치 판타지 소설 같다는 생각을 많이 하고 있었을 때인데, 천상에 이십사 장로가 있다는 말을 듣고 그들이 누구인지 궁금했다. 나뿐만 아니라 그 자리에 모였던 학생들도 궁금해 하는 눈치였다.

요한계시록 4장에 이십사 장로들이 나온다. 신천지 교리비교 동영상을 보면 이십사 장로를 어떻게 풀이하는가를 알 수 있다. 세칭 신천지에서 말하는 이십사 장로는 이십사 영으로서, 교회의 행정을 담당하는 24명의 장로라고 해석한다. 네 생물이 심판을 담당하는 무관(武官)이라면, 이십사 장로는 행정을 담당하는 문관(文官)이라고 말한다. 그들이 말하는 하나님의 영이 함께하는 교회는 신천지 교회를 말하는 것이다.

신천지는 정통교회를 마귀의 영이 함께 하는 바벨론 교회라고 부른다. 자신들 교회 안에 이십사 장로가 있다는 것은 요한계시록의 예언이 자칭 약속의 목자가 있는 신천지 안에서 성취된다는 것을 신도들에게 부각시키기 위함이다. 신천지 내부에는 여러 조직이 있는데, 그 중 하나가 24장로 제도이다. 신천지 총회 본부 이십사 장로는 총회 행정 업무를 담당하고 각 지방 12지파에서 보고한 업무를 검토해서 결과를 총무 장로를 통해 총회장 이만희에게 보고한다.[12] 세칭 만민교회 이재록은 〈크리스챤 월드리뷰〉에서 이십사 장로에 대해 다음과 같이 설명했다.

"천국 처소 안에서도 믿음의 분량에 따라 영적인 서열이 있습니다. 그래서 연회나 행사가 있을 때도 서열에 따라 정확하게 진행됩니다. 영적인 서열이 그만큼 앞선 사람이 하나님의 보좌 가까이에 앉습니다. 하나님 보좌 좌우편에는 주님과 성령님의 보좌가 있습니다. 각각 옆으로는 남자들 중 천국에서 서열이 가장 높은 엘리야, 에녹, 아브라함, 모세가 위치합니다. 그 다음 서열이 옆으로 계속됩니다. 그 다음 서열은 24장로인데 모두 남자입니다. 여자의 서열은 남자의 서열과는 따로 구분되어 있습니다. 그 중 서열이 앞선 분들이 하나님의 보좌 가까이에 있게 됩니다."[13]

이재록은 천국이 낙원에서부터 새 예루살렘까지 다섯 단계의 처소로 구분되어 있고, 각 사람의 믿음의 분량에 따라서 단계에 맞는 곳으로 들어간다고 주장했다. 또 그는 이십사 장로가 완전히 확정되지 않은 상태이며, 하나님의 자녀들이 휴거되면 비로소 이십사 장로가 확정

---

12) 탁지원, 「신천지와 하나님의 교회의 정체」 (서울: 월간현대종교, 2007), 26.
13) 크리스챤 월드리뷰 [온라인자료], http://www.christianwr.com/news/articleView.html?idxno=37355, 2019년 6월 18일 접속.

된다고 말했다.

왜 신천지와 만민교회는 이십사 장로를 중요하게 다루는 것일까? 그것은 교주와 목사의 말에 절대복종을 유도하기 위한 것이다. 신도들이 더 높은 영적 서열에 오르기 위해서는 자신의 지도자에게 온전히 충성을 맹세해야 그 기회를 잡을 수 있다고 생각하기 때문이다. 이제 요한계시록 4장의 이십사 장로에 대한 정통교회의 올바른 해석이 무엇인지 살펴보도록 하겠다.

> *"또 보좌에 둘려 이십사 보좌들이 있고 그 보좌들 위에 이십사 장로들이 흰 옷을 입고 머리에 금관을 쓰고 앉았더라"(계 4:4)*

이십사 장로들은 누구를 가리키는 것일까? 결론부터 말하면 우리는 이십사 장로가 누구인지 알지 못한다. 그 이유는 성경이 말씀하고 있지 않기 때문이다. 이십사 장로가 누구인지 확실히 안다고 말하는 사람이 있다면, 그는 성경을 자의적으로 해석하는 이단이 분명하다. 성경이 말씀하고 있지 않기 때문에 이십사 장로가 누구인가를 굳이 알려고 할 필요가 없다. 그래서 우리는 이렇게 질문을 바꿔봐야 할 것이다. 이십사 장로들은 무엇을 상징하는 것일까? 이십사는 열둘 더하기 열둘이다. 신구약 성경에서 열둘은 완전수이다. 앞의 열둘은 구약시대의 하나님의 백성을 의미하는 열두 지파를 뜻한다. 그리고 뒤의 열둘은 신약시대 열두 사도를 의미한다. 야곱의 열두 아들의 자손을 통해 하나님의 백성 이스라엘이 형성되었다. 또 예수님의 열두 제자들을 통해 신약 교회가 만들어졌다. 이 둘의 공통점은 하나님을 믿는 사람들

즉 성도이고, 교회라는 것이다. 구약시대에도 교회가 있었을까? 그 해답은 신약성경 사도행전에서 찾을 수 있다. 예루살렘 교회 일곱 집사 중 한 사람인 스데반 집사는 출애굽한 이스라엘 백성들을 광야 교회라고 말했다.

"이스라엘 자손에 대하여 하나님이 너희 형제 가운데서 나와 같은 선지자를 세우리라 하던 자가 곧 이 모세라 시내산에서 말하던 그 천사와 우리 조상들과 함께 광야 교회에 있었고 또 살아있는 말씀을 받아 우리에게 주던 자가 이 사람이라"(행 7:37-38)

구약의 열두 지파와 신약의 열두 제자를 합한 숫자가 이십사다. 그래서 요한계시록의 숫자 이십사는 신구약시대에 하나님을 믿는 모든 성도들 즉 교회를 상징한다.

"이 보석들은 이스라엘의 아들들의 이름 곧 그들의 이름대로 열둘이라 도장을 새김 같이 그 열두 지파의 각 이름을 새겼으며"(출 39:14)

"열두 제자를 부르사 둘씩 둘씩 보내시며 더러운 귀신을 제어하는 권능을 주시고"(막 6:7)

이십사가 교회를 상징하는 것이라면 장로는 무엇을 상징하는 것일까? 장로 역시 교회를 지칭하는 말이다.

"너희 중 장로들에게 권하노니 나는 함께 장로 된 자요 그리스도의 고난의 증인이요 나타날 영광에 참여할 자니라"(벧전 5:1)

"장로인 나는 사랑하는 가이오 곧 내가 참으로 사랑하는 자에게 편지하노라"(요삼 1:1)

초대교회 당시 예수님의 제자 베드로와 요한 역시 교회의 장로였다. 쉽게 말하면 교회의 대표자였던 것이다. 장로가 가지고 있는 상징성은 교회를 뜻한다. 위에서도 언급했지만 우리는 이십사 장로가 누구인지는 알 수 없지만, 이십사 장로가 의미하는 것이 교회라는 것은 확실하게 알 수 있다. 이십사 장로들이 있는 곳은 하나님의 보좌가 있는 천국이다. 이들은 하나님께서 예비하신 천국을 선물로 받은 사람들이다. 하나님의 나라, 새 하늘과 새 땅, 천국은 누가 들어갈 수 있을까? 구원받은 하나님의 백성, 교회가 들어갈 수 있는 것이다. 천국에 있는 이십사 장로는 영광과 안식을 누리는 교회를 상징한다. 반면 지상에 있는 십사만 사천은 신앙을 사수하기 위해 믿음의 선한 싸움을 싸우고 있는 교회를 뜻한다. 이 땅에서 믿음의 선한 싸움으로 신앙을 사수하는 성도들은 천국에서 영광과 안식을 누리게 될 것이다. 이것이 초대교회 성도들의 소망이었고, 오늘을 살아가는 그리스도인들의 소망이기도 하다.

5. 새 노래 : : 요한계시록 5장

1991년 서해안 몽산포에서 개최된 대학생 여름수련회에 참가했다. 그해 가장 많이 불렀던 찬양이 있었다. 시편 40편 말씀을 가지고 복음성가로 만들었는데 부르기 쉽고, 가사 전달도 잘 되어서 지금까지도 부르고 있다.

"하나님의 음성을 듣고자 기도하면 귀를 기울이시고 내 기도를 들어 주신다네 깊은 웅덩이와 수렁에서 끌어주시고 나의 발을 반석 위에 세우시사 나를 튼튼히 하셨네 새 노래로 부르자 랄랄라 하나님께 올릴 찬송을 새 노래로 부르자 하나님 사랑을"

성경을 잘 몰랐던 나는 찬양을 통해 새 노래를 알게 되었다. 그런데 이단예방사역을 하면서 요한계시록의 새 노래를 기독교 이단들이 많이 사용하고 있다는 것을 알게 되었다. 세칭 하나님의 교회, 안상홍 증인회에서 운영하는 인터넷 사이트를 보면 '새 노래 나라'가 있다.[14] 그들은 새 노래가 무엇이며 새 노래는 누가 부르는 노래인지 자세하게 설명하고 있다.

"새 노래는 하나님의 성도들이 하나님께 받은 은혜와 사랑에 감사

14) 새 노래 나라 [온라인자료] , http://newsong.watv.org/, 2019년 6월 15일 접속.

드리는 마음을 노래로 표현한 것입니다. 요한계시록 14장 3절에는 「저희가 보좌와 네 생물과 장로들 앞에서 새 노래를 부르니 땅에서 구속함을 얻은 십사만 사천 인밖에는 능히 이 노래를 배울 자가 없더라」 라고 기록되어 있습니다. 다시 말하자면, 새 노래는 구원받을 성도들이 부르는 노래입니다." [15)]

여기까지만 보면 하나님의 교회의 새 노래에 대한 설명과 해석이 정통교회와 비슷하고, 전혀 문제가 없는 것처럼 보인다. 그런데 "누구를 찬양하는 노래인가요?"라는 질문에 대한 답변을 보면 왜 하나님의 교회가 이단인지 명확하게 파악 할 수 있다. 하나님의 교회 '새 노래 나라'를 보면 안상홍을 구원자로 추앙하고 있는 것을 확인할 수 있다.

"찬양의 대상은 하나님이십니다(시 139:14). 정확히 말하자면, 하나님의 이름입니다. 역대상 29장 13절에는 「우리 하나님이여 이제 우리 주께 감사하오며 주의 영화로운 이름을 찬양하나이다」 라고 기록되어 있습니다. 하나님께서는 시대마다 구원자의 이름을 허락하셨습니다. 지금은 성령 안상홍님과 신부 하늘 어머니께서 구원자로 역사 하시는 성령시대입니다. 따라서, 새 노래는 구원자이신 성령 안상홍님과 신부 예루살렘 어머니를 찬양하는 노래입니다." [16)]

---

15) 새 노래 나라 [온라인자료] , http://newsong.watv.org/about/index.asp, 2019년 6월 15일 접속.

16) Ibid.

그래서 이들의 새 노래 찬송가를 보면 죽은 안상홍을 어떻게 찬양하고 있는지 쉽게 알 수 있다. 예를 들어 찬송가 27장을 "빛나고 높은 보좌와 그 위에 앉으신 안상홍님의 영광이 해 같이 빛나네"로, 찬송가 79장을 "안상홍님 지으신 모든 세계 내 마음 속에 그리어볼 때 하늘의 별 울려 퍼지는 뇌성 아버지 권능 우주에 찼네"로 개사해서 부르고 있다.

세칭 JMS 역시 자신들이 만든 것과 기존 대중가요를 개사해서 만든 새 노래를 부른다. 그 노래들의 중심에는 JMS 총재 정명석을 높이고 칭송한다.

나는 1997년부터 캠퍼스 선교사역을 광주에 있는 조선대학교에서 시작했다. 그 당시 조선대학교 안에는 '신앙과 문화'라는 종교 동아리가 있었다. 그 동아리는 JMS 동아리였다. 수십 명의 학생들이 함께 모여 동아리방에서 노래를 불렀다. 그런데 노래가 이상했다. 대중가요를 개사해서 만든 노래를 불렀다. "주님 사랑하는 내 주님 둘도 셋도 넷도 없는 내 주님 주님 없는 이 세상은 아무런 의미가 없어요." 익숙한 멜로디에 낯선 가사가 내 귀에 들려왔다. '당신의 의미'라는 대중가요에 가사만 바꾼 것이다. "당신 사랑하는 내 당신 둘도 없는 내 당신 당신 없는 이 세상은 아무런 의미가 없어요." 여기에서 당신은 예수님이 아니라 그들이 말하는 재림주 정명석을 의미한다. JMS에는 '새 노래'라는 제목의 찬양집이 있다. 147번의 제목은 '성지 땅 월명동에'이다. 월명동은 충청남도 금산군에 있는 JMS 총재 정명석의 고향이다. 노랫말은 이렇다. "성지 땅 월명동에 주와 같이 성전 짓고 사랑하는 나의 주와 한 천 년 살고 싶어." '성지 땅 월명동에'라는 노래의 멜로디는 대중들에게 잘 알려진 '님과 함께'라는 유행가를 개사한 것이다. "저 푸른 초원 위에 그림 같은 집을 짓고 사랑하는 우리 님과 한 백 년 살고 싶어." 그들은 노래 가사에 나오는 성전을 자연성전이라고 부른다. JMS가 말하는 자연성전이란 무엇일까? 홈페이지 '월명동 자연성전'을 검색하면 자연성전을 이렇게 소개하고 있다.

> *"충남 금산군 진산면 석막리 월명동은 정명석 선생과 그의 제자들이 1989년부터 헌신적인 사랑과 정성으로 만들어가는 하나님의 자연성전이다."* [17]

그들의 노래에서 볼 수 있듯이 정명석은 JMS 신도들에게 주님이라고 불린다. 최근에는 댄스곡, 발라드, 락, 트로트 등과 같은 다양한 장르로 만든 일명 새 노래를 부르고 있다.

세칭 신천지는 요한계시록의 새 노래를 어떻게 해석할까? 신천지에서 비유와 요한계시록 성경공부를 하던 대학생을 만났다. 나는 그 학생에게 질문했다. "요한계시록 잘 아시죠? 그러면 질문할게요. 요한계시록에는 몇 개의 노래가 나올까요?" 이 질문을 받은 학생은 얼굴이 밝아지면서 내게 대답했다. "요한계시록에는 세 개의 노래가 나와요. 모세의 노래, 어린 양의 노래, 새 노래. 이렇게 세 개입니다." 나는 학생을 칭찬해주었다. "잘 했어요. 신천지에서 그렇게 가르쳐 줍니다. 그러면 모세의 노래, 어린 양의 노래, 새 노래가 무슨 뜻인지 아세요?"라

---

17) 월명동 자연성전 [온라인자료], http://wmd.god21.net/WolMyeongDong/Wmd, 2019년 6월 18일 접속.

고 다시 질문했다. 학생은 자신감에 넘쳐 내게 대답했다. "모세의 노래는 구약 말씀이고요, 어린 양의 노래는 신약 말씀 그리고 새 노래는 계시 말씀 즉 요한계시록입니다." 나는 자신감 있게 대답한 여학생에게 칭찬을 해주었다. "자신감 있게 대답 잘 했어요. 저는 틀려도 대답을 자신 있게 하는 사람이 좋아 보입니다."라고 말했다. 여학생은 내게 물었다. "제 대답이 틀렸어요? 제 답이 틀렸다면 어디가 틀렸다는 건가요?"

대전에서 청년 사역을 하는 M목사의 소개로 교회 특강을 갔다. 청년들 대다수가 한국과학기술원(KAIST)에 다니고 있었다. 나는 청년들에게 질문했다. "여러분, 요한계시록에 몇 개의 노래가 나올까요?" 청년들은 찍기 시작했다. 그리고 그들에게 질문했다. "요한계시록에 세 개의 노래가 나옵니다. 모세의 노래, 어린 양의 노래 그리고 새 노래가 나오는데, 이것은 무엇을 의미하는 것일까요?" 아무도 대답을 하지 못했다. 이 질문을 똑같이 필리핀 한인선교사 이단예방세미나 시간에도 했다. 요한계시록에 몇 개의 노래가 있으며 또 그 의미가 무엇인지 대답하는 사람은 한 명도 없었다. 다시 돌아가서 신천지의 해석은 맞는 것일까? 아니면 틀린 것일까? 틀렸다면 정통교회의 바른 해석은 무엇일까? 우선 새 노래를 해석하기 전에 모세의 노래와 어린 양의 노래가 무엇인지 살펴보도록 하겠다.

"하나님의 종 모세의 노래, 어린 양의 노래를 불러 이르되 주 하나님 곧 전능하신 이시여 하시는 일이 크고 놀라우시도다 만국의 왕이시여 주의 길이 의롭고 참되시도다"(계 15:3)

모세의 노래는 어떤 노래일까? 신천지는 모세가 구약시대 사람이고, 노래는 말씀을 비유한 것이기 때문에 구약 말씀이라고 해석한다. 그러나 모세의 노래는 출애굽기 15장 말씀을 말한다. 애굽에서 약 400년 동안 종살이를 하던 이스라엘 백성들은 하나님의 능력과 은혜로 애굽에서 나오게 되었다. 처음에는 이스라엘 백성들이 애굽에서 떠나는 것을 허락했던 바로왕은 변심하여 이스라엘 백성들을 추격했다. 이런 위기 속에 있던 이스라엘 백성을 하나님은 모세를 통해 홍해를 건너게 하시고 모두 구원을 얻게 하셨다. 반면 추격하던 애굽의 모든 군대는 홍해에서 수장되었다. 이 광경을 지켜 본 모세와 이스라엘 백성들은 자신들을 구원하신 하나님께 감사의 찬송과 영광을 올려드렸다. 이 찬송은 이렇게 시작했다.

"이 때에 모세와 이스라엘 자손이 이 노래로 여호와께 노래하니 일렀으되 내가 여호와를 찬송하리니 그는 높고 영화로우심이요 말과 그 탄 자를 바다에 던지셨음이로다"(출 15:1)

한마디로 모세의 노래는 구원에 감사해서 부르는 노래였다. 그렇다면 어린 양의 노래는 무엇일까? 요한계시록을 기록한 사도 요한은 어린 양이 누구인지 잘 알고 있었다. 그는 세례(침례) 요한이 예수님을 무엇이라고 불렀는지 알고 있었다.

"이튿날 요한이 예수께서 자기에게 나아오심을 보고 이르되 보라

세상 죄를 지고 가는 하나님의 어린 양이로다"(요 1:29)

세상을 구원하시기 위해 예수님은 어린 양이 되셨다. 그 어린 양 예수님을 믿는 사람들이 얻게 되는 것은 다름 아닌 영생과 구원이다. 어린 양의 노래는 우리를 구원하신 예수님께 감사해서 부르는 노래를 말한다. 그러나 신천지는 예수님은 신약시대의 인물, 노래는 말씀을 비유한다고 하면서 어린 양의 노래를 신약 말씀이라고 푼다. 그러나 모세의 노래와 어린 양의 노래는 모두 구원에 감사해서 부르는 노래를 뜻한다. 요한계시록 15장 3절을 자세히 보면 "하나님의 종 모세의 노래, 어린 양의 노래"가 있는데, 모세의 노래와 어린 양의 노래 사이에 쉼표가 있다. 이 쉼표는 앞과 뒤가 동격이라는 것을 의미한다. 쉽게 말하면 모세의 노래와 어린 양의 노래는 같은 뜻을 가지고 있다는 말이다. 그러면 성경에서 말하는 새 노래란 무엇일까?

"새 노래 곧 우리 하나님께 올릴 찬송을 내 입에 두셨으니 많은 사람이 보고 두려워하여 여호와를 의지하리로다"(시 40:3)

시편 40편은 다윗의 시다. 다윗은 새 노래가 무엇인지 잘 알고 있었다. 새 노래란 하나님께 올려드리는 찬송을 의미한다고 말했다. 성도들이 믿음과 감사의 마음을 담아 하나님께 영과 진리로 예배하며 부르는 모든 찬송이 새 노래인 것이다. 그렇다면 요한계시록 14장의 새 노래는 무엇을 의미하는 것일까?

"그들이 보좌 앞과 네 생물과 장로들 앞에서 새 노래를 부르니 땅속에서 속량함을 받은 십사만 사천밖에는 능히 이 노래를 배울 자가 없더라"(계 14:3)

사도 요한은 환상 중에 새 하늘과 새 땅, 천국을 보게 되었다. 거기에는 구원받은 하나님의 백성들이 모여 있었고, 새 노래로 하나님께 영광을 돌렸다. 그들은 왜 하나님께 새 노래로 찬양을 드렸을까? 그 이유는 간단하다. 우리를 세상 속에서 구원해 주셔서 너무나 좋고, 아름다운 새 하늘과 새 땅으로 인도하신 것에 대해 감사와 영광을 돌리기 위함이다.

"큰 소리로 외쳐 이르되 구원하심이 보좌에 앉으신 우리 하나님과 어린 양에게 있도다 하니"(계 7:10)

새 노래는 신천지, 하나님의 교회, JMS 등과 같은 이단들이 해석하는 것과는 거리가 멀다. 오히려 구원받은 하나님의 백성들이 하나님의 은혜에 감사해서 부르는 찬양이다. 우리가 이 사실을 깨닫는다면 지금 드리고 있는 예배와 찬양의 자세가 더욱 성숙해 질 것이다.

6. 일곱 :: 요한계시록 6장

얼마 전, 남태평양 피지(Fiji)로 이주한 신도들에게 폭행을 가해서 물의를 일으킨 기독교 이단 단체가 방송에 소개되었다. 일명 '타작마당'이라는 것이었는데, 한마디로 말 안 듣고, 불만을 가진 신도들에게 매질을 하는 것이었다. 심지어 자식이 부모를 타작하는 일까지 벌어졌다. 어떤 단체일까? 이 단체는 신옥주가 이끄는 세칭 은혜로교회, 영적군사훈련원이다. 신옥주는 성경시대를 구약시대, 신약시대, 계시록시대로 구분한다. 신약시대는 예수님을 믿음으로 구원을 얻을 수 있었지만, 지금은 계시록시대이기 때문에 요한계시록 안에 감추어진 영적 비밀을 아는 사람이 구원을 받을 수 있다고 주장한다. 우리는 이런 주장을 하는 이단을 영지주의 이단이라고 부른다. 쉽게 말하면 예수님을 믿음으로 구원받는 것이 아니라, 성경에 감추어 있는 영적이고, 비밀스러운 지식을 알고 있는 사람만이 구원받는다고 주장하는 것이다.

신옥주는 요한계시록의 숫자 666은 짐승 곧 사람의 숫자이고, 7은 일곱 수로써 예수의 숫자이며, 8은 그리스도의 숫자라고 해석했다. 분명 이상한 성경풀이다. 또 정통교회의 가르침과는 달리 예수와 그리스도를 분리한다. 예수는 육이고, 그리스도는 영이라고 말하고 있다. 이 말은 예수로 구원받지 못하고, 그리스도를 믿어야 구원받는다고 주장하는 것이다.

그런데 해 아래 새것이 없다는 말이 있듯이 신옥주의 주장은 지금부터 약 2000년 전에 영지주의 이단자들이 주장했던 것과 똑같다. 1세기 말엽 에베소의 영지주의자였던 케린더스(Cerinthus)라는 사람이 있었다. 그는 예수와 그리스도를 구별했다.[18] 인간 예수는 마리아와 요셉의 아들이지만, 그리스도는 예수가 세례(침례)를 받을 때 하늘로부터 내려온 신적인 존재라고 말했다. 신적인 존재인 그리스도가 인간을 위한 사명을 완수했을 때, 인간 예수를 버렸고, 그래서 예수만이 고난과 죽음을 당했다고 주장했다. 그렇다면 그리스도는 어떻게 되었을까? 케린더스는 그리스도가 인간 예수와 분리되면서 죽은 자 가운데서 부활했다고 말했다. 이런 터무니없는 주장은 기독교 영지주의 이단 안에 만연해 있었고, 지금도 그들의 주장을 답습하는 은혜로교회 신옥주 같은 사람들이 정통교회를 어지럽히고 있다.

신천지 역시 요한계시록 숫자 일곱을 자의적으로 해석하고 있다. 신천지의 공식명칭은 신천지 예수교 증거장막성전이다. 과거 신천지 총회장 이만희는 유재열이 이끄는 장막성전의 신도였다. 신천지의 주장에 의하면 처음에 유재열이 이끄는 장막성전은 하나님의 일곱 영이 함께 하는 성전이었는데, 니골라당, 거짓 목자들의 교훈을 받아들여 배도했다고 말한다. 그래서 신천지는 성경의 숫자 일곱을 진리를 말할 수 없게 된 일곱 금 촛대 교회 즉 장막성전의 일곱 사자들을 지칭하는 것이라고 주장한다. 그렇다면 요한계시록에 나타난 숫자 일곱에 대한 은혜로교회 신옥주와 신천지 이만희의 주장은 옳은 것일까? 만약 틀린 것이라면 정통교회의 바른 해석은 무엇일까?

---

18) Justo L. Gonz lez, 「기독교사상사(I)」, 이형기, 차종순 역 (서울: 대한예수교장로회총회출판국, 1992), 166.

"내가 보매 어린 양이 일곱 인 중의 하나를 떼시는데 그 때에 내가 들으니 네 생물 중의 하나가 우렛소리 같이 말하되 오라 하기로"(계 6:1)

우선 요한계시록의 숫자 일곱을 이해하기 위해서는 요한복음을 살펴봐야 할 필요가 있다. 예수님의 제자 사도 요한은 요한복음, 요한일서, 요한이서, 요한삼서 그리고 요한계시록을 기록하였다. 요한은 예수님과 공생애 삼 년 반을 함께 했던 제자다. 예수님의 행적과 말씀을 직접 보고 들었던 사람이다. 특히 예수님은 많은 표적을 행하셨는데 이 모든 것을 목격한 사람이 사도 요한이다. 예수님은 공생애 기간 중 표적을 몇 개나 행하셨을까? 결론적으로 말하면 우리는 알지 못한다. 다만 많은 표적을 행하셨다는 것만 알 수 있다.

"예수께서 행하신 일이 이 외에도 많으니 만일 낱낱이 기록된다면 이 세상이라도 이 기록된 책을 두기에 부족할 줄 아노라"(요 21:25)

그런데 사도 요한은 그 많은 표적들 중에서 몇 가지 사건을 뽑아서 요한복음에 기록했다.[19] 요한은 일곱 개의 표적 사건을 기록했다. 또 예수님은 자신을 모세 앞에 나타난 하나님처럼 사람들에게 말씀하셨다.

---

19) 첫째, 물이 변하여 포도주가 된 사건(요 2:1-11) 둘째, 왕의 아들을 고쳐주신 사건(요 4:46-54) 셋째, 38년 된 병자를 고쳐주신 사건(요 5:1-9) 넷째, 오병이어의 사건(요 6:1-15) 다섯째, 바다 위를 걸으신 사건(요 6:16-21) 여섯째, 맹인 된 사람을 고치신 사건(요 9:1-12) 일곱째, 죽은 나사로를 살리신 사건(요 11:1-44)이다.

"하나님이 모세에게 이르시되 나는 스스로 있는 자이니라 또 이르시되 너는 이스라엘 자손에게 이같이 이르기를 스스로 있는 자가 나를 너희에게 보내셨다 하라"(출 3:14)

"나는 스스로 있는 자이니라"는 말씀을 영어로 번역하면 "I AM WHO I AM"이다. 여기에서 "I AM"은 원어로 "에고 에이미"인데, 이 표현법은 요한복음에 자주 등장한다. 구약성경을 보면 하나님께서 자신을 계시 즉 나타내실 때 "I AM"이라는 표현으로 말씀하셨다. 그런데 이 표현법은 신약성경 요한복음에 모두 일곱 번 기록되어 있다.[20]

마지막으로 요한복음에는 많은 사람들이 등장한다. 예수님의 공생애 기간 동안 몇 사람이 예수님을 하나님의 아들과 구주로 믿고 신앙고백을 했을까? 우리는 정확하게 알지 못하지만 많은 사람들이 예수님을 하나님의 아들과 구주로 믿었다는 것을 알고 있다. 그 많은 사람들의 신앙고백이 있었지만 사도 요한은 그 많은 사람들 중에 모두 일곱 명의 신앙고백을 기록했다.[21] 왜 사도 요한은 숫자 일곱을 요한복음과 요한계시록에 사용했을까? 그것은 숫자 일곱이 가지고 있는 상징

20) 첫째, 나는 생명의 떡이다(요 6:35). 둘째, 나는 세상의 빛이다(요8:12). 셋째, 나는 양의 문이다(요 10:7). 넷째, 나는 선한 목자다(요 10:11). 다섯째, 나는 부활과 생명이다(요 11:25-26). 여섯째, 나는 길과 진리와 생명이다(요 14:6). 일곱째, 나는 참 포도나무다(요 15:1).

21) 첫째, 세례(침례) 요한의 고백(요 1:34) 둘째, 안드레의 고백(요 1:41) 셋째, 나다나엘의 고백(요 1:49) 넷째, 시몬 베드로의 고백(요 6:69) 다섯째, 사마리아 여인과 동네 사람들의 고백(요 4:29, 42) 여섯째, 마르다의 고백(요 11:27) 일곱째, 도마의 고백(요 20:28)이다.

때문이다. 숫자 일곱은 완전수로써 전능하신 하나님을 상징한다. 그리고 이 숫자는 하나님의 아들 어린 양 예수 그리스도를 상징하는 숫자이기도 했다.

그렇다면 요한계시록에도 숫자 일곱이 나올까? 당연히 나온다. 나와도 숫자 일곱이 직, 간접적으로 정말 많이 나온다. 총 몇 번이나 나올까? 요한계시록에 숫자 일곱은 직, 간접적으로 모두 54번이나 나온다. 요한계시록은 소아시아 몇 개 교회에게 보낸 편지일까? 일곱이다. 요한계시록 중심부에 나오는 인, 나팔 그리고 대접 심판은 각 몇 개의 심판인가? 일곱이다. 요한계시록에 성령은 눈으로 비유되었는데 모두 몇 개의 눈일까? 일곱이다. 이뿐 아니다. 사도 요한은 천국 환상을 보게 되었는데, 네 생물과 장로들 그리고 수많은 천사들이 큰 음성으로 일찍이 죽임 당하신 어린 양 예수님을 찬양한다. 몇 개의 단어로 찬송할까? 일곱 개다.

"큰 음성으로 이르되 죽임을 당하신 어린 양은 능력과 부와 지혜와 힘과 존귀와 영광과 찬송을 받으시기에 합당하도다 하더라"(계 5:12)

일찍이 죽임 당하신 어린 양 예수님을 찬양했다면 이 모든 것을 계획하시고 심판하시는 전능하신 하나님께 네 생물과 장로들 그리고 수많은 천사들은 두말할 나위 없이 찬송을 올려드린다. 몇 개의 단어로 찬송할까? 예상했겠지만 일곱 개다.

"모든 천사가 보좌와 장로들과 네 생물의 주위에 서 있다가 보좌 앞

에 엎드려 얼굴을 대고 하나님께 경배하여 이르되 아멘 찬송과 영광과 지혜와 감사와 존귀와 권능과 힘이 우리 하나님께 세세토록 있을지어다 아멘 하더라"(계 7:11-12)

요한계시록은 하나님의 구원과 심판에 관한 말씀이다. 누가 하나님의 심판을 받을까? 한국 사람들은 안 받고 일본 사람들은 받을까? 아니면 필리핀 사람들은 안 받고 케냐 사람들은 받을까? 아니다. 모든 대륙과 섬에 있는 모든 민족, 모든 사람은 하나님의 심판을 받게 된다. 이것 역시 요한계시록에서 말씀하고 있다. 인간 사회 속에 있는 몇 개의 계층 사람들이 하나님의 심판을 받게 될까? 그 역시 일곱이다.

"땅의 임금들과 왕족들과 장군들과 부자들과 강한 자들과 모든 종과 자유인이 굴과 산들의 바위틈에 숨어 산들과 바위에게 말하되 우리 위에 떨어져 보좌에 앉으신 이의 얼굴에서와 그 어린 양의 진노에서 우리를 가리라"(계 6:15-16)

높은 자나 낮은 자나, 부한 사람이나 가난한 사람이나 누구도 예외 없이 마지막 날에 하나님의 심판을 받게 된다는 것을 일곱 계층으로 표현했다. 여기에서 일곱이란 완전수로써 그 누구도 하나님의 심판을 피해 갈 수 없다는 것을 말씀하고 있는 것이다. 우리가 요한계시록을 잘 이해하기 위해서는 본문을 열심히 읽고 공부해야 한다. 이와 함께 사도 요한이 기록한 다른 성경 요한복음, 요한일서, 요한이서, 요한삼서를 병행해서 읽고 공부할 필요가 있다.

7. 해 돋는 데 :: 요한계시록 7장

이단들은 동서남북 중 동쪽을 중요하게 생각한다. 왜 그럴까? 그 답은 요한계시록 7장 2절에서 찾을 수 있다.

"또 보매 다른 천사가 살아 계신 하나님의 인을 가지고 해 돋는 데로부터 올라와서 땅과 바다를 해롭게 할 권세를 받은 네 천사를 향하여 큰 소리로 외쳐"(계 7:2)

"해 돋는 데"는 동쪽, 동방이다. 세칭 JMS는 재림의 역사가 동방의 나라, 한반도에서 이루어진다고 주장한다. 그들의 주장에 의하면 본문의 인을 치는 천사는 하나님의 명령을 받아 일하는 천사가 아니라 재림주라고 말한다. 그렇다면 JMS 총재 정명석은 왜 해 돋는 동방에서 재림주가 나온다고 주장하는 것일까?

"초림주는 서방의 동방에서 왔지만 재림주는 지구촌 전체의 동방 곧 해 돋는 나라에서 온다. 그렇다면 예로부터 동방 삼국은 한국, 일본, 중국이 있는데 재림주는 어느 나라에 오신다는 말인가? 초림주가 그를 기다리던 나라에서 온 것 같이 재림주도 그를 기다리는 하나님의 종교국으로 온다.(중략) 특히 대부분 나라들이 강제적 선교를 당했지만 한국은 세계에서 자생적으로 기독교를 받아들인 유일한 나라이다. 이와 같이 중국은 복음과는 먼 나라이고 일본은 아직도 미신적인

토착신앙을 벗어나지 못하고 있으며, 한국은 신교와 구교를 합한다면 1천만 이상의 기독교인이 오실 주님을 기다리며 살고 있는 나라이다." [22)]

JMS의 주장을 쉽게 정리하면 다음과 같다. 성경에서 말하는 동방은 한국, 일본, 중국인데 그 중에 기독교가 가장 왕성한 나라는 한국이기 때문에 재림주가 한국에서 나온다고 주장하는 것이다.

세칭 신천지도 요한계시록 7장 2절 "해 돋는 데" 곧 동쪽에 대한 관심이 만만치 않다. 신천지 교리비교 동영상을 보면 요한계시록 7장 2절의 동쪽을 어떻게 해석하는지 잘 알 수 있다. 신천지는 "해 돋는 데"를 하나님의 진리의 말씀이 시작되는 곳이라고 주장한다. 그렇다면 신천지에서 말하는 동쪽, 해 돋는 데는 구체적으로 어디를 말하는 것일까?

"오늘날 창조되는 새 이스라엘은 하나님의 약속의 나라요 천국 백성이다. 오늘날 이 시대의 신앙인은 열두 지파에 소속이 되지 않아도 구원이 있겠는지 또 하나님의 백성이라 할 수 있겠는지를 스스로 판단해야 한다." [23)]

신천지 총회장 이만희는 자칭 영적 이스라엘 12지파이면서 새 이스라엘 백성인 신천지가 "해 돋는 데"라고 주장한다. 그러면 신천지에서

---

22) 세계청년대학생MS연맹, 「고급편」, (서울: 세계청년대학생MS연맹 기획실, n.d.), 253-254.

23) 이만희, 「천국비밀계시」, 141.

말하는 "해 돋는 데"로부터 올라와 인치는 자는 누구라고 해석할까? 인은 말씀을 비유한 것인데, 요한계시록 전장의 말씀을 현장에서 보고 들은 자칭 이긴 자가 말씀의 도장을 사람들의 마음에 찍는다고 말한다. 그리고 그 역할을 하는 사람이 자칭 이긴 자인 이만희라고 사람들에게 가르치고 있다.

그렇다면 왜 이단들은 "해 돋는 데"인 동쪽에 이렇게 집착하는 것일까? 요한계시록 7장 2절을 자세히 보면 "해 돋는 데"로부터 올라오는 천사가 인을 친다고 기록되어 있다. 천사가 들고 있던 인은 누구의 인 즉 도장일까? 당연히 하나님의 것이며, 하나님의 택함 받은 백성에게 도장을 찍는다는 말이다. 그러면 하나님의 도장이 찍힌 사람은 어떻게 되는 것일까? 하나님의 인을 받은 사람은 하나님께서 예비하신 새 하늘과 새 땅으로 구원받는다. 그러나 JMS와 신천지를 비롯한 이단들은 오직 자신들의 단체에 와서 교주가 해석하는 말씀을 듣고 믿어야만 구원을 얻을 수 있다고 주장한다. 그런데 한국에서 만들어진 이단들은 교회의 중심과 구원의 중심을 어디라고 주장할까? 당연히 한국이다. 그리고 한국에 있는 자신들이 추앙하는 교주가 요한계시록 7장 2절에서 말하는 "해 돋는 데", 동쪽, 동방에서 올라와 인치는 자라고 말하는 것이다. 그렇다면 요한계시록 7장 2절 "해 돋는 데"의 바른 해석은 무엇일까? 일단 "해 돋는 데"는 동쪽의 관용적 표현이다. 성경에서 '동쪽'하면 제일 먼저 떠오르는 곳이 창세기다. 하나님은 에덴동산을 동쪽에 창설하셨다.

"여호와 하나님이 동방의 에덴에 동산을 창설하시고 그 지으신 사

람을 거기 두시니라"(창 2:8)

성경시대 사람들은 하나님의 낙원이 동쪽에 있다고 생각했다. 더 나아가 그 곳으로부터 하나님과 구원자 메시아가 온다고 믿었다.[24] 그래서 에덴동산은 낙원과 구원의 상징이 되었다. 또 성경의 동쪽은 하나님의 영광과 관련되어 있다.

"여호와의 영광이 동문을 통하여 성전으로 들어가고"(겔 43:4)

여호와의 영광이 동문을 통하여 성전으로 들어간다는 이 말은 무슨 뜻일까? 이 말씀은 하나님께서 선지자 에스겔에게 하신 말씀이다. 여기에서 말하는 하나님의 영광은 무엇일까? 에스겔서에서 말하는 하나님의 영광은 세상을 구원할 구원자 메시아를 뜻한다. 그런데 장차 오실 구원자는 성전의 동쪽과 연관되어 있다.

종합해보면 성경에서 말씀하는 동쪽은 구원을 계획하신 여호와 하나님과 구원계획을 실행하신 메시아 예수 그리스도와 연관되어 있다. 마찬가지로 요한계시록 7장 2절도 하나님의 심판 속에서 택함 받은 백성들을 구원하시기 위해 "해 돋는 데"로부터 올라온 천사를 통해 인치게 하셨다. 그 이유는 하나님의 백성들을 보호하고 구원하기 위해서이다. 언제나 그렇듯이 이단들은 구원자 예수 그리스도의 자리에 자신들의 교주를 내세우고 있다.

---

24) 이광진, 「요한계시록」, 306.

8. 독수리 :: 요한계시록 8장

일본 니코에서 열린 '2018년 세계한인기독교 이단대책연합회 총회'에 참가했다. 일본 이단컬트전문가인 고이와 유이치 목사는 일본 JMS 현황에 대해 특강을 했다. 그는 JMS가 일본에서는 '섭리교'로 불린다고 말했다. 주로 대학 동아리로 활동하며, 아파트에서 성경공부를 하기 때문에 쉽게 발견하기 어렵고, JMS 30개론을 배운 사람은 정명석 총재를 메시아로 인정하게 된다고 말했다. 또 동경에 있는 와세다 대학교 JMS 회원이 약 200명, 일본 전체적으로는 약 5,000명으로 추정한다고 설명했다. 그래서 일본에서 가장 심각한 문제로 대두되고 있는 한국계 이단을 JMS라고 말했다. 고이와 유이치 목사의 강의를 들은 후, 나는 생각했다. '다음 주에 JMS 총재 정명석이 출소하면 본격적으로 한국의 모든 대학교 안에서 JMS 활동이 뜨거워지겠구나.' 귀국 후, 세계한인기독교 이단대책연합회에서 회원들에게 JMS 교육영상 자료를 보내주었다. 약 두 시간 분량의 JMS 교육영상을 약 다섯 시간에 걸쳐 분석했다. 그런데 JMS 강사 뒤편 강단 벽에 해와 독수리 그림이 보였다. 정통교회 같으면 일반적으로 강단 벽에 십자가가 걸려 있다. 그런데 JMS 영상을 보니 벽에 해와 독수리 그림이 있었다. 그 영상을 본 후, 약 한 달 동안 JMS의 자료를 가지고 그들의 주장을 집중적으로 연구했다. 그리고 그들이 말하는 독수리가 무엇인지 알게 되었다.

세칭 JMS는 성경의 독수리를 어떻게 해석할까? 그들은 진짜 독수리가 아니라 무엇을 비유한 것이라고 주장한다. 그렇다면 무엇을 비유했다는 것일까? 정통교회 같으면 예수님을 상징하는 십자가를 부착했을 것인데, 강단 벽에 십자가가 아닌 독수리를 붙여놓았다는 것은 예수님에 견줄 만한 그 어떤 것임을 짐작할 수 있을 것이다. 결론부터 말하면 JMS는 독수리를 메시아, 재림주로 비유했다. JMS에서 말하는 메시아, 재림주는 JMS 총재 정명석이다. 이들은 이사야 46장 11절을 이 주장의 근거 구절로 제시하고 있다. 예전 성경 개역한글판에는 이렇게 기록되어 있다.

> *"내가 동방에서 독수리를 부르며 먼 나라에서 나의 모략을 이룰 사람을 부를 것이라 내가 말하였은즉 정녕 이룰 것이요 경영하였은즉 정녕 행하리라"(사 46:11)*

그런데 지금 개역개정판 성경은 이사야 46장 11절을 다르게 번역했다.

> *"내가 동쪽에서 사나운 날짐승을 부르며 먼 나라에서 나의 뜻을 이룰 사람을 부를 것이라 내가 말하였은즉 반드시 이룰 것이요 계획하였은즉 반드시 시행하리라"(사 46:11)*

JMS는 예전 개역한글판을 사용하고 있다. 더 정확하게 말하면 개역한글판 성경을 사용할 수밖에 없다. 그 이유는 개역개정판 성경을 사용하면 그들의 주요 교리가 틀려지기 때문이다. JMS는 이사야 46장 11절에 나오는 "동방의 독수리"를 다음과 같이 말한다.

"하나님의 뜻을 이룰 수 있는 존재는 오직 사람이다. 그런데 어떻게 저 하늘을 날아다니는 독수리가 하나님의 뜻을 이룰 수 있겠는가? 본문의 동방의 독수리는 문자 그대로 독수리가 아닌 사람을 두고 비유한 것이며, 하나님의 큰 뜻을 이루기 위하여 보낸 자 곧 메시아를 상징하는 것이다. 그런데 동방의 독수리라고 하였으니 동방은 과연 어느 곳이고 어느 민족인가를 알아야 되겠다. (중략) 따라서 재림주는 재림 메시아를 기다리는 기독교 가운데 오시며 하나님 종교국, 기독교 국가로 간다." [25)]

위의 주장을 정리하면 동방의 독수리는 한국인 메시아이고, 그 사람이 JMS 총재 정명석이라고 해석하는 것이다. 요한계시록 8장에도 독수리가 나온다.

"내가 또 보고 들으니 공중에 날아가는 독수리가 큰 소리로 이르되 땅에 사는 자들에게 화, 화, 화가 있으리니 이는 세 천사들이 불어야 할 나팔 소리가 남아있음이로다 하더라"(계 8:13)

JMS는 요한계시록 8장 13절의 독수리를 천사장 즉 메시아를 비유한 것으로 설명한다.

"독수리가 화, 화, 화를 외친다는 것은 천사장, 메시아가 그 비밀을

---

25) 세계청년대학생MS연맹, 「초급편」, 140.

선포해야 알 수 있는 말씀이다." [26]

이들은 독수리로 비유된 천사장이 메시아라고 주장한다. 이 주장은 세칭 안식교와 비슷하다. 안식교는 천사장 미가엘을 그리스도라고 해석한다.[27] 그러나 정통교회에서는 예수 그리스도와 천사장 미가엘은 분명히 다른 존재로 구분한다. 세칭 하나님의 교회는 동방의 독수리를 동방나라에 사람으로 오신 하나님으로 해석한다. 그 사람은 바로 자칭 재림 그리스도라고 주장하는 안상홍이다.

세칭 신천지는 독수리를 어떻게 해석할까? 신천지 역시 요한계시록의 독수리를 비유로 푼다. 신천지 교리비교 동영상을 보면 요한계시록 8장 13절의 독수리는 '영계 하나님 나라와 육계 하나님 장막을 왕래하는 천사장'을 비유한다고 말한다. 이 내용을 쉽게 풀면 독수리로 비유된 천사장은 하나님이 계신 영적 세계인 하늘과 교회로 비유된 육적 세계 하늘 곧 신천지를 왕래하면서 일을 한다는 것이다. 여기에서 필자는 독자들에게 한 가지 질문을 하겠다. "천사는 영적인 존재일까? 아니면 육체를 가진 존재일까?" 정통교회는 천사를 영적인 존재라고 말한다. 그런데 신천지는 영적 세계뿐 아니라 육적 세계에도 천사가 있다는 황당한 주장을 한다.

"하나님의 성조직인 영계에 속한 모든 영들은 영계의 천사라 할 수 있다. 하나님의 창조 사업에 협력자로서 사역되는 모든 영들은 영계

---

26) Ibid., 142.
27) 전정권,「요한계시록 연구(Ⅱ)」(서울: 시조사, 1997), 11.

의 천사들이다. 반면 땅 즉 육계에도 천사가 있음을 잊어서는 안 된다. 지금까지 우리는 천사가 영계에만 있는 것으로 생각하였고 또한 그렇게 믿었다. (중략) 말일에 이르러 하나님의 창조 성업이 마무리 짓게 되면 영계의 모든 천사들은 지상의 모든 천사들과 짝을 지어 혼연일체가 된다. 이로써 모든 천사는 합하여 영생을 누리는 참 사람이 된다. 그러므로 천사는 곧 우리 사람이다. 결코 이질적 존재가 아니라, 우리가 받을 성령들이 천사들이요 하나님의 일을 하는 사람이 이 땅의 천사들이다." [28]

신천지는 천사가 영적 세계에도 있고, 육적 세계에도 있다고 말한다. 그리고 천사는 사람이라고 주장한다. 종합해서 말하면 신천지 신도들은 천사이고, 총회장 이만희는 천사장이라는 뜻이다. 그렇다면 요한계시록에 등장하는 독수리에 대한 정통교회의 바른 해석은 무엇일까? 요한계시록 8장 13절에 나오는 독수리는 하나님의 뜻을 세상에 전파했다. 요한계시록에서 하나님의 뜻을 전달하는 존재가 있다. 바로 하나님의 천사이다. 요한계시록 8장 12절의 어떤 헬라어 사본에는 독수리 대신 '앙겔로스' 즉 천사로 기록되어 있다.[29] 독수리로 비유된 천사는 어떤 천사인가? 그의 이름은 알 수 없지만 분명한 것은 독수리와 같은 힘과 신속함을 가지고 있는 천사인 것은 분명하다. 이단들의 독수리 비유를 정리하면 메시아, 천사장, 그리스도, 신도들로 해석한다.

---

28) 김건남, 김병희, 「신탄」 (경기도: 도서출판 신천지, 1985), 344-345.
29) Kendell H. Easley, 「Main Idea로 푸는 요한계시록」, 홍원팔 역 (서울: 도서출판 디모데, 2007), 198.

그리고 전반적으로 그들의 교주가 동방의 독수리로 비유된 구원자라고 주장한다. 그러나 정통교회는 독수리를 하나님의 사자, 천사라고 말한다. 가장 중요한 것이 있다. 요한계시록에서 천사장과 천사는 어떤 존재일까?

"천사가 내게 말하기를 기록하라 어린 양의 혼인 잔치에 청함을 받은 자들은 복이 있도다 하고 또 내게 말하되 이것은 하나님의 참되신 말씀이라 하기로 내가 그 발 앞에 엎드려 경배하려 하니 그가 나에게 말하기를 나는 너와 및 예수의 증언을 받은 네 형제들과 같이 된 종이니 삼가 그리하지 말고 오직 하나님께 경배하라 예수의 증언은 예언의 영이라 하더라"(계 19:9-10)

요한계시록에 나타난 천사의 정체성은 하나님의 종이다. 이단들은 어떤가? 자신들을 독수리와 같은 메시아, 그리스도, 천사장이라고 주장하지만 하나님의 종이라고 말하는 사람은 하나도 없다. 이것은 마치 옷에 첫 단추를 제대로 끼우지 못한 것과 같은 실수를 범하는 것과 같다. 올바른 신앙의 첫걸음은 자신의 정체성을 분명하게 인지하는 것에서부터 시작한다. 정통교회 성도들은 하늘의 천사와 같이 하나님의 종이라는 자세를 갖고, 겸손한 마음으로 주의 뜻을 독수리처럼 온 세상 사람들에게 전파해야 할 것이다.

9. 삼분의 일 :: 요한계시록 9장

한국복음주의신학교 강의를 하기 위해 춘천에 갔을 때의 일이다. 캠퍼스 선교단체 예수제자운동(JDM) 수습간사들과 일반인 학생들이 내 수업을 들었다. 나는 기독교 이단과 요한계시록 입문 강의를 했다. 특별히 캠퍼스 선교단체 간사들을 보니 내 마음이 간절하고 뜨거워졌다. 왜냐하면 나 또한 캠퍼스 선교사역을 24년 동안 했기 때문이다. 과거 캠퍼스 선교단체 사역을 하면서 한 가지 고민을 했다. "왜 우리는 요한계시록 성경공부는 안 할까?" 이 질문을 선배 사역자들에게 했지만, 요한계시록이 제자훈련과는 거리가 멀기 때문에 배우지 않는 것이라는 답변을 들었다. 사실 캠퍼스 사역자로 활동할 때 요한계시록의 내용을 몰라서도 못 가르치고, 또 사람들이 어렵다고 하니 배우려는 의지도 없었던 것 같다. 그날 내 수업을 듣는 사역자들 중에 나와 같은 고민을 하는 사람이 있다면 조금이나마 그 사람에게 도움이 되고 싶다는 심정으로 요한계시록 강의를 했다.

시간이 흘러 마지막 수업 시간이 되었다. 나는 학생들에게 복사용지에 둥근 원을 그려보라고 말했다. "여러분이 그린 원에 사분의 일만큼 색칠을 해 보세요." 학생들은 자신이 그린 원에 사분의 일만큼 색칠을 했다. 나는 다시 한 번 원을 그리도록 했고, 삼분의 일만큼 색칠을 해보라고 말했다. 그리고 한 번 더 다른 복사용지에 원을 그리고 원 전체를 색칠해보라고 말했다. 학생들은 이렇게 세 번에 걸쳐 각각의 종이에 둥근 원을 그리고 사분의 일, 삼분의 일, 전체 색칠을 했다. 그리고 나는 그들에게 이렇게 말했다. "여러분, 요한계시록에서 가장 많은 비중을 차지하는 것이 일곱 인, 일곱 나팔, 일곱 대접 심판입니다. 그런데 인, 나팔, 대접 심판에 대한 말씀을 읽어보면 심판의 범위가 다릅니다. 인 심판은 사분의 일, 나팔 심판은 삼분의 일 그리고 대접 심판은 모든 피조물에 대한 심판입니다. 지금 여러분은 용지에 이 내용을 그려본 것입니다. 여러분, 제가 질문을 하겠습니다. 여러분이 그린 그림을 보면서 여러분의 눈에 무엇이 보입니까?"

한 학생이 손을 들고 말했다. "하나님의 무서운 심판이 보입니다." 다른 학생이 손을 들고 말했다. "심판으로 많은 사람들이 죽는 것 같습니다." 또 다른 학생이 손을 들었다. "하나님의 심판이 너무 무섭다는 생각이 듭니다." 학생들의 말을 들은 나는 이렇게 말했다. "여러분이 그린 그림을 다시 한 번 자세히 보세요. 여러분은 정확하게 봤습니다. 색칠한 부분만큼 하나님의 심판이 이루어질 것입니다. 그런데 이제 여러분의 관점을 색칠한 부분이 아닌 나머지 부분으로 바꾸어 보시기 바랍니다." 이 말이 끝나기 무섭게 한 학생이 무엇인가를 깨달았다는 표정을 지으면서 양쪽 손 엄지손가락으로 '엄지 척'을 했다. "교수님. 인 심판과 나팔 심판에는 기회가 있습니다." 나는 그 말을 한 학생을 칭찬해주었다. "맞습니다. 인 심판과 나팔 심판은 아직 사분의 삼, 삼분의 이라고 하는 기회가 남아있습니다. 여러분, 어떤 기회가 남아있는 것일까요?" 학생들이 이구동성으로 외쳤다. "하나님의 구원을 받을 수 있는 기회가 남아있습니다." 나는 학생들이 정확하게 대답했다고 칭찬해주었다. 그리고 이렇게 말했다. "맞습니다. 아직 최후의 심판이 있기 전에는 기회가 있는 것입니다. 구원받고 심판을 받지 않을 기회입니다. 그렇다면 이 기회가 남아있는 시간 동안 저와 여러분은 어떻게 해야 할까요?" 학생들은 나의 질문에 대답했다. "복음을 전해야 합니다." 나는 학생들에게 박수를 쳐주었다. "그렇습니다. 요한계시록은 하나님의 심판을 말씀하고 있지만, 다른 관점에서 보면 구원의 기회가 있다는 것을 말씀합니다. 그리고 더 나아가 이 사실을 믿고 깨달은 우리는 주님을 알지 못하는 사람들에게 복음을 전해야 합니다." 학생들의 표정이 진지해졌다. 요한계시록을 통해 하나님의 구원과 복음전파의 사명을 다시 한 번 깨닫게 된 것이다.

세칭 신천지는 요한계시록의 "삼분의 일"을 어떻게 해석할까? 언제나 그렇지만 신천지는 성경을 인용하면서 마치 요한계시록이 신천지에 대한 말씀인 것처럼 해석한다. 그들이 말하는 삼분의 일은 무엇일까? 신천지 총회장 이만희는 신천지 예수교 증거장막성전을 만들기 전 유재열이 이끄는 장막성전에서 활동했다. 신천지는 장막성전이 마귀와 사단에게 속한 목자들에게 속아서 배도하게 되었다고 말한다. 그 결과 장막성전 지교회 삼분의 일이 배도하여 파괴되었다고 주장한다. 그래서 그들은 자신들에게 벌어진 이 사건을 요한계시록 나팔 심판, 삼분의 일 심판에 해당하는 것으로 해석한다. 왜 신천지는 이런 해석을 하는 것일까? 그들은 요한계시록이 비유로써 신천지와 정통교회의 영적 전쟁을 비유로 말씀한 것으로 생각한다. 그리고 이 감추어진 예언이 자칭 약속의 목자인 이만희를 통해 실체가 드러났다고 주장한다. 결국 장막성전의 배도는 신천지가 세상에 나올 수밖에 없었던 하나님의 특별한 섭리라고 신도들에게 주입시키려는 의도에 지나지 않는다.

요한계시록 8장과 9장에는 일곱 나팔 심판을 말씀하고 있다. 그 심판의 범위는 삼분의 일이다.

"네 천사가 놓였으니 그들은 그 년 월 일 시에 이르러 사람 삼분의 일을 죽이기로 준비된 자들이더라(중략) 이 세 재앙 곧 자기들의 입에서 나오는 불과 연기와 유황으로 말미암아 사람 삼분의 일이 죽임을 당하니라 "(계 9:15-18)

"첫째 천사가 나팔을 부니 피 섞인 우박과 불이 나와서 땅에 쏟아지매 땅의 삼분의 일이 타 버리고 수목의 삼분의 일도 타 버리고 각종 푸른 풀도 타버렸더라 둘째 천사가 나팔을 부니 불붙는 큰 산과 같은 것이 바다에 던져지매 바다의 삼분의 일이 피가 되고 바다 가운데 생명 가진 피조물들의 삼분의 일이 죽고 배들의 삼분의 일이 깨지더라 셋째 천사가 나팔을 부니 횃불 같이 타는 큰 별이 하늘에서 떨어져 강들의 삼분의 일과 여러 물샘에 떨어지니 이 별 이름은 쓴 쑥이라 물의 삼분의 일이 쓴 쑥이 되매 그 물이 쓴 물이 되므로 많은 사람이 죽더라 넷째 천사가 나팔을 부니 해 삼분의 일과 달 삼분의 일과 별들의 삼분의 일이 타격을 받아 그 삼분의 일이 어두워지니 낮 삼분의 일은 비추임이 없고 밤도 그러하더라"(계 8:7-12)

요한계시록에서 인 심판은 그 범위가 사분의 일이었는데, 나팔 심판의 범위는 삼분의 일이다. 심판의 범위가 확대되었다. 이것은 우리에게 무엇을 말해주는 것일까? 하나님의 심판은 종말의 시간이 다가올수록 강해지고, 그 범위가 넓어진다는 것을 의미한다. 음악 기호로 말하면 '크레센도' 즉 '점점 강하게'로 표현할 수 있다. 그러나 종말의 시대를 살고 있는 그리스도인은 관망만 해서는 안 된다. 아직 구원의 기회가 있고, 이 복음을 온 세상에 전해야 할 사명이 있는 것이다. 우리는 심판과 기회라는 눈으로 요한계시록을 균형 있게 바라볼 때 종말의 때를 살아가는 성도로서 어떤 자세를 가져야 할 것인가에 대한 물음의 해답을 찾게 될 것이다.

10. 작은 두루마리 :: 요한계시록 10장

20년 전, K교회 청년회 간사로 사역할 때의 일이다. 새가족부를 담당했던 여자 청년이 내게 질문을 했다. "간사님, 저와 함께 근무하는 분이 제게 성경책이 왜 겉은 검은색이고, 옆면은 금색인지 아느냐고 말했어요. 혹시 왜 그런지 아세요?" 나는 큰 의미가 없다고 말했다. 그리고 나는 여자 청년에게 이렇게 말했다. "제가 어릴 때 부흥강사들은 성경책 겉면의 검은색은 죄를, 옆면의 빨간색은 예수님의 보혈의 피를 상징한다고 가르쳤습니다. 그런데 지금 생각하면 그것도 아닌 것 같습니다." 한 주가 지났다. 주일에 여자 청년을 다시 만났을 때 그 여자 청년은 내게 이렇게 말했다. "제가 지난주에 말씀드렸던 성경책의 검은색과 금색의 의미가 무엇인지 알게 되었습니다. 저와 함께 근무하시는 분이 성경책 표면의 검은색은 말씀에 대한 무지를 상징하고, 옆면의 금색은 변하지 않는 하나님의 진리를 상징한다고 말했습니다." 여자 청년은 이 해석에 상당히 고무되어 있는 듯 보였다.

나는 청년에게 이렇게 말했다. "매우 영적이고 신앙적인 해석처럼 들리지만 그것은 아무 근거도 없는 주장이라고 생각합니다. 오늘 제가 검은 양복을 입고 온 것은 죄인이라는 것을 상징하기 때문에 입은 것일까요? 또 제가 흰 와이셔츠를 입은 것은 죄 사함을 생각하고 입었을까요? 저는 그런 생각으로 입은 것이 아닙니다. 우리가 말씀 안에서 어떤 색깔이 나오면 문맥과 상황에 따라서 문자적으로 때로는 상징적으로 풀어야 할 때가 있는 겁니다. 지금 기독교 서점에 가면 청바지 성경, 군복 성경, 갈색 성경, 보라색 성경 등 여러 색깔이 있는데 그것도 각각의 의미를 붙여야 할까요? 또 고대에는 성경이 파피루스에 기록되었는데, 겉면이 검은색이고 옆면이 금색이었을까요?"

약 일 년이 지난 후, 신천지에서 성경공부를 한 어느 여대생의 공책을 입수하게 되었다. 공책 첫 장을 열어보는 순간, 일 년 전에 있었던 일이 신천지와 관련되어 있었다는 것을 알게 되었다. 공책 안에 금색은 변하지 않는 하나님의 진리, 검은색은 무지를 상징한다는 글이 적혀있었다. 나는 신천지가 성경을 비유와 상징으로 해석하면서, 듣는 사람들로 하여금 매우 영적인 단체인 것처럼 가장하는 탁월한 능력을 가지고 있다는 것을 깨닫게 되었다.

그날 이후, 신천지에서 성경공부를 했던 청년의 공책을 한 번씩 책장에서 꺼내어 봤다. 캠퍼스 선교단체 간사였던 나는 제자훈련을 하면서 이유를 알 수 없는 영적인 갈증을 느꼈다. 그래서 하나님께 왜 내가 이런 갈증을 느끼는지 깨닫게 해주시길 간절히 기도했다. 그리고 나 스스로 이런 질문을 했다. "신천지 성경공부에 왜 많은 청년들이 빠져드는 걸까? 분명히 이유가 있을 건데 그 이유가 무엇일까?" 이 고민에 해답을 얻기 위해 선배 사역자들에게 질문을 했다. 그리고 관련 책들을 구입해서 읽어봤다. 이런 일련의 과정을 통해 신천지 성경공부와 정통교회 제자훈련 성경공부의 큰 차이점 하나를 발견했다.

신천지 성경공부는 "성경이란 무엇이고, 성경은 믿을 만한 가치가 있는가?"에 대한 질문으로 시작하는 반면, 대다수 정통교회 제자훈련 성경공부는 "예수님은 어떤 분인가?"에 대한 질문에서부터 시작한다는 것을 알게 되었다. 그래서 나는 신천지가 많은 정통교회 사람들을 미혹할 수 있었던 이유 중 하나가 이것이라고 확신하게 되었다. "성경으로 성경을 해석합니다. 우리는 말씀 중심입니다."라는 말을 신천지 신도들을 만날 때마다 자주 듣는다. 나는 신천지를 이렇게 평가한다.

"그들은 성경공부를 많이 가르치고, 배우는 사람들에게 성경에 대한 관심을 일으키는 것은 탁월한데, 성경 해석이 정말 엉터리다. 특히 요한계시록의 모든 내용을 신천지와 총회장 이만희로 귀결시키는 것은 다른 이단들이 하는 행태와 동일하다. 그런데 말씀 중심, 성경 중심의 중요성을 부각시키는 것은 도전이 된다. 우리 정통교회 성도들이 성경공부를 충실하게 하면 신천지뿐 아니라 다른 이단들의 왜곡된 해석에 미혹되지 않고, 성령의 검인 하나님의 말씀으로 진검승부해서 이길 수 있을 것이다."

세칭 신천지는 요한계시록 10장 "작은 두루마리"를 어떻게 해석할까? 일단 그들은 "작은 두루마리"가 아닌 "작은 책"이라고 말한다. 그 이유는 신천지와 우리 정통교회가 보는 한글성경 버전이 다르기 때문이다. 현재 신천지는 개역한글판을, 대다수의 정통교회는 개역개정판을 보고 있다. 개역한글판은 요한계시록 10장 2절을 "그 손에 펴 놓인 작은 책을 들고 그 오른발은 바다를 밟고 왼발은 땅을 밟고"로 번역했다. 개역개정판은 "그 손에는 펴 놓인 작은 두루마리를 들고 그 오른발은 바다를 밟고 왼발은 땅을 밟고"로 되어있다. 책보다는 두루마리로 번역한 것이 더 정확한 번역이다. 왜냐하면 고대에는 파피루스에 글을 기록했고, 두루마리로 보관했기 때문이다. 신천지는 '펴 놓인 작은 책'을 '예언대로 나타난 실체를 증거하는 계시의 말씀'이라고 주장한다. 쉽게 말하면 작은 책이 요한계시록이라는 것이다. 이들은 요한계시록을 계시 말씀이라고 부른다. 신천지 총회장 이만희는 작은 책을 이렇게 설명했다.

"이 천사의 손에 펴 놓인 작은 책은 계시록 5장에 일곱 인으로 봉해져 있던 것을 예수님께서 하나님의 손에서 취하여 6장과 8장에서 일곱 인을 떼시고 펼쳐 본 장의 천사에게 준 것이다. 이것을 계시록 1장 1절에서 예수 그리스도의 계시를 하나님께서 예수님에게 주시고 예수님은 천사에게 주셨으니 본문의 천사가 받은 책이 계시록임을 알 수 있다. 또한 이 책을 펼칠 때 사건이 있음 같이 이 책에 기록된 것이 실상으로 계시록에 응하는 것을 보아 이 책의 내용이 계시록의 사건이요 이 작은 책은 계시록임을 알 수 있다." [30]

이들은 요한계시록이 새 요한, 약속의 목자인 총회장 이만희를 통해 밝히 드러나게 되었고, 그의 가르침을 받고 행하는 사람들이 구원을 받을 수 있다고 주장한다. 그래서 "펴 놓인 작은 책"은 신천지 안에서만 배울 수 있고, 영생과 구원 그리고 천국도 자신들 안에서만 이루어진다고 말한다.

세칭 안식교에서도 요한계시록 10장의 "펴 놓인 작은 두루마리"를 중요하게 여기고 있다. 그들은 작은 두루마리의 내용을 '재림운동이

---

30) 이만희, 「천국비밀계시」, 189.

일어날 것에 대한 예언'이라고 주장한다. 이 주장은 윌리엄 밀러(1782-1849)라는 사람이 처음 주장했고, 그의 주장을 안식교에서 중요한 가르침으로 받아들이고 있다. 윌리엄 밀러는 다니엘서 8장 14절을 근거로 1844년 10월 22일에 예수님의 재림이 나타날 것이라고 말했다. 그러나 그날 예수님의 재림사건은 발생하지 않았고, 이 일로 많은 사람들이 실망하고 신앙을 포기했다. 그런데 안식교는 윌리엄 밀러의 재림사건 불발을 오히려 요한계시록의 예언이 성취된 것으로 둔갑시켰다. 그들은 재림 불발로 인해 마음 아파한 사람들의 모습을 9절의 "네 배에는 쓰나 네 입에는 꿀 같이 달리라"는 말씀이 성취된 것으로 해석하고 있다. 또 11절의 "다시 예언하여야 하리라"는 말씀을 안식교를 통해 재림운동이 계속 일어나게 될 것을 예언한 것이라고 신도들에게 가르친다. 결국 이들의 주장을 정리하면 요한계시록 10장은 재림운동을 벌이고 있는 안식교를 예언한 것이며 요한계시록의 예언은 자신들을 통해서 성취된다고 주장하는 것이다.

그렇다면 신천지의 주장이 옳은 것일까? 아니면 안식교의 주장이 바른 것일까? 두 주장 모두 올바른 성경해석이 아니다. 둘 다 바른 해석이 아니라면 정통교회에서 말하는 "펴 놓인 두루마리"에 대한 올바른 해석은 무엇일까? 분명한 것은 두루마리 안에 어떤 내용이 구체적으로 기록되어 있는지 아무도 모른다는 것이다. 그러나 한 가지는 분명하다. "펴 놓인 두루마리"에는 하나님의 뜻과 복음이 담겨져 있다.

"일곱째 천사가 소리 내는 날 그의 나팔을 불려고 할 때에 하나님이 그의 종 선지자들에게 전하신 복음과 같이 하나님의 그 비밀이 이루

어지리라 하더라"(계 10:7)

두루마리의 내용은 과거 선지자들에게 하나님께서 말씀하신 복음과 같다. 그러면 선지자들의 역할이 무엇이었을까? 선지자들이 주로 활동했던 시기는 하나님의 백성들이 하나님의 뜻과 계명을 떠나 살 때이다. 하나님은 예언자라고도 하고, 선지자라고 하는 하나님의 종을 백성들에게 보내어 말씀하셨다. 말씀의 핵심은 이것이었다. "회개하라." 그렇다면 사도 요한이 환상 가운데 본 작은 두루마리 말씀의 핵심은 무엇이었을까? 이 또한 "회개하라."일 것이다. 종말에 펼쳐질 사건들이 이 두루마리의 핵심이 아니다. 오히려 하나님의 심판은 반드시 있을 것이고, 죄를 용서받을 수 있는 기회가 있을 때 빨리 회개하고 어린 양이신 예수님을 믿으라는 것이 작은 두루마리의 핵심인 것이다. 하나님의 종 천사는 요한에게 작은 두루마리를 먹으라고 말했다. 그리고 천사는 요한에게 이렇게 말했다.

"그가 내게 말하기를 네가 많은 백성과 나라와 방언과 임금에게 다시 예언하여야 하리라 하더라"(계 10:11)

요한은 예수님과 삼 년 반 동안 동행했던 제자 중 한 사람이다. 예수님은 이스라엘 사람들에게 하나님의 복음을 전파했다. 그리고 요한을 비롯한 모든 제자들에게 복음이 무엇인지 가르치셨다.

"이르시되 때가 찼고 하나님의 나라가 가까이 왔으니 회개하고 복

음을 믿으라 하시더라"(막 1:15)

"또 이르시되 너희는 온 천하에 다니며 만민에게 복음을 전파하라" (막 16:15)

요한에게 다시 복음을 전하라고 하셨다면 예수님께서 전하셨던 복음의 내용이 변경되었을까? 그렇지 않다. 하나님의 말씀은 어제나 오늘이나 영원토록 동일하다고 말씀하셨고, 하나님은 회전하는 그림자도 없으신 분이라고 성경은 기록하고 있다. 신천지에서 말하는 자신들만이 깨달은 비밀스러운 지식이 작은 책 안에 있다는 주장은 그들이 자주 사용하는 표현처럼 자의적 해석이며 명백한 거짓말이다. 또 안식교의 재림운동 역시 성경이 말하지 않는 때와 시기를 정하여 신도들에게 임박한 종말사상을 주입시키는 불건전한 신앙운동이다.

"이르시되 때와 시기는 아버지께서 자기의 권한에 두셨으니 너희가 알 바 아니요"(행 1:7)

요한계시록이 기록되었을 당시 소아시아 일곱 교회와 사도 요한은 극심한 핍박 가운데 신앙생활을 했다. 힘들고 고된 신앙생활을 하던 성도들은 두려움과 긴장 속에서 하루하루를 보내야만 했다. 이런 상황 속에서 사람들에게 복음을 전파한다는 것은 결코 쉬운 일이 아니었다. 오히려 어떤 사람은 대적자와 핍박자들이 하나님의 불 심판을 받았으면 좋겠다고 생각했을 것이다. 그러나 하나님은 사도 요한에게 대적자와 핍박자들에 대한 분명한 심판을 천사를 통해 예고하시면서, 예수님께서 전파하시고 명하셨던 회개와 천국 복음을 사람들에게 다시 전파하라고 말씀하셨다. 종합하면 신천지는 요한계시록 10장의 작은 책을 계시록 말씀, 안식교는 재림운동의 예언이 담긴 책이라고 주장하는 반면 정통교회는 하나님의 심판과 회개를 촉구하는 복음이 담긴 하나님의 말씀으로 해석한다.

11. 두 증인, 두 감람나무, 두 촛대 :: 요한계시록 11장

대학 4학년 졸업반 때의 일이다. 같이 선교회 활동을 했던 세영이를 카페에서 만났다. 세영이는 선교회 성경공부 수준을 신랄하게 비판했다. 그리고 나에게 말했다. "요한계시록에 나오는 두 증인, 두 감람나무, 두 촛대가 뭔지 알아?" 나는 세영이의 질문에 대답을 못했다. 이유는 간단하다. 요한계시록을 교회와 선교회에서 한 번도 배워본 적이 없었기 때문이다. 얼마 지나지 않아 세영이가 선교회 밖에서 성경공부를 하고 있다는 것을 알게 되었다. 세칭 무료성경신학원이라는 곳에서 공부를 하고 있었다. 이 무료성경신학원이 지금의 신천지다.

대학을 졸업한 나는 선교회 간사로 활동했다. 하루는 성경을 연구하다가 세영이가 내게 했던 말이 떠올랐다. 그리고 이런 생각이 났다. '그래. 세영이가 무료성경신학원에서 배운 두 증인, 두 감람나무, 두 촛대에 대한 해석이 틀렸다면 정통교회의 바른 해석은 무엇일까? 우리는 우리 스스로 정통이라고 하지만 요한계시록을 모르고, 무서워하고, 가르치지도 않는데 이것이 옳은 것일까? 지금 내가 세영이를 만나도 두 증인, 두 감람나무, 두 촛대에 대해 말을 못하겠지만, 다시 만나게 되면 그때는 말씀으로 진검승부해서 무엇이 옳은 해석인지 담판을 져봐야겠다.' 그날 이후부터 요한계시록에 관심을 갖고 성경을 연구했다. 요한계시록 설교집, 주석, 원어성경 등을 구해서 공부했다. 그런데 책을 읽어도 이해되지 않는 부분이 있었다. 마침 출판사 사장과 전화 통화를 하던 중 요한계시록 전공자인 목원대학교 L교수를 소개받았다. 나는 L교수에게 전화를 했다. 그리고 L교수는 나의 고민을 명쾌하게 해소시켜 주었다. 나에게 오랜 체증 같았던 요한계시록 11장의 두 증인, 두 감람나무, 두 촛대가 무엇인지 비로소 깨닫게 되었다.

왜 이단들은 두 증인, 두 감람나무, 두 촛대에 그렇게 집착하는 것일까? 또 이단들은 두 증인, 두 감람나무, 두 촛대를 어떻게 해석할까? 세칭 신천지는 두 증인을 주와 하나님의 영을 모시고 증거하는 두 목자라고 해석한다. 그들의 주장에 의하면 장막성전에 함께 있었던 홍종효와 신천지 총회장 이만희가 두 증인이었다는 것이다. 그런데 홍종효가 배도해서 지금은 두 증인 중 신천지 총회장 이만희만 참 증인이고, 진정한 하나님의 선지자라고 주장한다.

또 세칭 천부교라고도 하고, 전도관이라고도 하는 이단이 있다. 교주 박태선은 감람나무 구원설을 주장했다. 그는 감람나무를 통해서 성령과 구원을 받을 수 있으며, 더 나아가 감람나무를 통해서 영생과 부활을 한다고 가르쳤다. 그렇다면 천부교에서 말하는 감람나무는 누구를 지칭하는 것일까? 천부교 교주 박태선이다. 그는 예수를 구원도 모르는 인간이고 마귀의 아들이라고 설교했다. 오직 감람나무인 자신을 통해서만 구원을 받을 수 있다고 주장했다.[31]

세칭 JMS 총재 정명석도 두 증인보다 두 감람나무를 더 강조한다. 그는 요한계시록 11장 5절과 6절의 두 감람나무인 모세와 엘리야를 다음과 같이 해석했다.

---

31) 서춘웅, 「교회와 이단」 (서울: 도서출판 크리스챤서적, 2010), 754-757.

"이와 같이 계시록 11장 5-6절은 구약의 두 감람나무였던 물의 종 모세와 불의 종 엘리야에 대한 이야기를 요약해서 기록하였다. 모세는 보다 육적인 사람 곧 육적 지도자이고, 엘리야는 보다 영적인 사람 곧 영적 지도자였다.(중략) 이와 같이 계시록 11장 10절 본문은 신약의 두 감람나무였던 육적인 세례 요한과 영적이신 예수님의 이야기를 최고로 축소시켜 말씀하신 것이다. 세례 요한은 육적 지도자였고 예수님은 영적인 지도자였다." [32)]

정명석의 해석을 보면 앞에 나오는 것은 육적이고, 뒤에 나오는 것은 영적이라고 말한다. 왜 이런 주장을 하는 것이며, 그의 의도는 무엇일까? 그는 예수님이 이 땅에 오신 사건을 초림이라고 말하고, 사명을 감당하신 예수님을 초림주라고 부른다. 그렇다면 이제 무엇이 나와야 할 차례인가? 결국 그의 의도는 이것이다. 초림이 있으면 재림이 있고, 초림주가 있으면 재림주가 있다는 것을 말하려는 것이다. 그런데 그가 말하는 재림주 즉 메시아는 1945년과 1946년 사이에 태어난 사람이라고 주장한다. 그 사람은 정명석을 지칭하는 것이다. 초림주인 예수님이 영적인 것은 완성했지만, 재림주는 초림주가 완성하지 못한 영적인 것과 육적인 것을 모두 완성한다고 말한다. 정말 신천지, JMS, 천부교의 두 증인, 두 감람나무, 두 촛대의 해석은 옳은 것일까? 그들의 성경 해석은 올바른 것이 아니다. 그렇다면 이제 요한계시록 11장에 나오는 두 증인, 두 감람나무, 두 촛대가 무엇을 의미하는지 살펴보

---

32) 세계청년대학생MS연맹, 「고급편」, 56-57.

도록 하겠다.

"내가 나의 두 증인에게 권세를 주리니 그들이 굵은 베옷을 입고 천이백육십 일을 예언하리라 그들은 이 땅의 주 앞에 서 있는 두 감람나무와 두 촛대니"(계 11:3-4)

우선 두 증인과 두 감람나무 그리고 두 촛대는 똑같은 것을 상징한다. 요한계시록 11장 6절을 보면 두 증인이 누구인지 알 수 있다.

"그들이 권능을 가지고 하늘을 닫아 그 예언을 하는 날 동안 비가 오지 못하게 하고 또 권능을 가지고 물을 피로 변하게 하고 아무 때든지 원하는 대로 여러 가지 재앙으로 땅을 치리로다"(계 11:6)

두 증인 중의 한 사람은 하늘을 닫아 그 예언하는 날 동안에 비가 오지 못하게 했다. 누구일까? 하나님의 선지자 엘리야이다. 요한계시록에서 말하는 두 증인 중의 한 명은 엘리야다.

"길르앗에 우거하는 자 중에 디셉 사람 엘리야가 아합에게 말하되 내가 섬기는 이스라엘의 하나님 여호와께서 살아 계심을 두고 맹세하노니 내 말이 없으면 수 년 동안 비도 이슬도 있지 아니하리라 하니라"(왕상 17:1)

"엘리야는 우리와 성정이 같은 사람이로되 그가 비가 오지 않기를

간절히 기도한즉 삼 년 육 개월 동안 땅에 비가 오지 아니하고 다시 기도하니 하늘이 비를 주고 땅이 열매를 맺었느니라"(약 5:17-18)

또 다른 증인이 있는데 그는 권능을 가지고 물을 피로 변하게 하고 아무 때든지 원하는 대로 여러 가지 재앙으로 땅을 쳤다. 누구일까? 바로 모세다. 요한계시록 11장에 나오는 두 증인은 모세와 엘리야다. 그렇다면 왜 두 증인이 모세와 엘리야일까? 두 증인이 노아와 아브라함이면 안 되는 것일까? 아니면 야곱과 다윗은 두 증인의 역할을 하기에 부족한 사람들인가? 구약성경에 모세와 엘리야가 제일 믿음이 좋은 사람이었기 때문에 두 증인으로 선발된 것일까? 우리는 두 증인에 대해 여러 가지 생각을 해 볼 수 있다. 요한계시록 11장에 나오는 두 증인 모세는 하나님의 율법 즉 말씀의 대표자이고, 엘리야는 하나님의 능력을 행한 대표적인 인물이다. 정리하면 모세는 구약시대의 말씀의 대표자, 엘리야는 구약시대의 능력의 대표자였다. 그런데 모세와 엘리야가 구약성경과 요한계시록 사이에 한 번 더 등장한다. 어디일까? 예수님의 말씀과 행적이 기록된 마태, 마가, 누가복음서에 나온다. 우리는 이 일을 일명 '변화산 사건'(마 17:1-8; 막 9:2-8; 눅 9:28-36)이라고 부른다.

"이 말씀을 하신 후 팔일쯤 되어 예수께서 베드로와 요한과 야고보를 데리고 기도하시러 산에 올라가사 기도하실 때에 용모가 변화되고 그 옷이 희어져 광채가 나더라 문득 두 사람이 예수와 함께 말하니 이는 모세와 엘리야라 영광중에 나타나서 장차 예수께서 예루살렘에서

별세하실 것을 말할새"(눅 9:28-31)

예수님과 세 명의 제자들이 산에서 기도하고 있을 때 모세와 엘리야가 나타났다. 예수님께서 모세와 엘리야를 만나신 때는 별세하시기 전 즉 십자가 사건을 목전에 두었던 때였다. 예수님과 모세 그리고 엘리야는 예수님이 별세하실 것을 알고 있었다. 그러나 예수님의 제자들은 예수님께서 별세하실 것을 몰랐다. 왜 변화산에서 예수님은 모세와 엘리야를 만났을까? 어떤 특별한 이유가 있을까? 그렇다. 분명한 이유가 있다. 구약시대의 하나님의 말씀과 능력의 대표자였던 모세와 엘리야는 그들의 사명을 다했다. 그리고 신약시대의 예수님은 하나님의 말씀과 능력으로 사명을 감당했다. 그런데 예수님이 세상을 별세하시면 그 바통을 누가 이어받아야 할까? 예수님의 말씀과 능력 사역을 계승해야 할 사람들은 바로 예수님의 제자들이었다. 예수님은 승천하시기 전, 제자들에게 내 증인이 되라고 말씀하셨다.

"오직 성령이 너희에게 임하시면 너희가 권능을 받고 예루살렘과 온 유대와 사마리아와 땅 끝까지 이르러 내 증인이 되리라 하시니라" (행 1:8)

오순절 마가의 다락방에 임한 강력한 성령의 역사로 인해 제자들은 하나님의 말씀을 전하고, 놀라운 하나님의 능력을 행하게 되었다. 이 내용을 기록한 사람이 누가이고, 그가 성령의 감동하심을 입어 기록한 성경이 사도행전이다. 예수님의 제자들도 그들의 사명을 다하고 세상을 떠났다. 그들은 세상을 떠나기 전 예수님이 자신들에게 하셨던 것같이 또 다른 제자들에게 하나님의 말씀을 전하고 성령의 능력을 힘입어 복음전파 할 것을 당부했다. 특히 열두 제자는 아니었지만 다메섹으로 가는 길에 예수님을 만난 바울은 회심하고 복음 전도자의 삶을 살았다. 그는 영적 아들 디모데에게 복음 전파의 사명을 강조하면서 다음과 같이 말했다.

> *"너는 말씀을 전파하라 때를 얻든지 못 얻든지 항상 힘쓰라 범사에 오래 참음과 가르침으로 경책하며 경계하며 권하라"*(딤후 4:2)

제자들은 자신들이 받은 사명을 또 다른 제자들에게 위임했다. 그 결과 수많은 무명의 그리스도인들이 하나님의 말씀과 능력을 행했다. 그래서 곳곳에 믿음의 형제, 자매들이 생기게 되었다. 이렇게 생긴 공동체를 사람들은 "에클레시아" 즉 "교회"라고 불렀다. 요한계시록의 두 증인은 종말의 때에 모세와 엘리야가 나타난다는 뜻이 아니다. 예수님이 다시 오시는 날까지 두 증인의 사명 즉 하나님의 말씀 사역과 성령의 능력을 힘입어 복음을 온 세상에 전하는 일을 교회에게 맡기신 것이다. 그렇다면 왜 두 증인을 두 감람나무와 두 촛대로 비유한 것일까? 우선 두 감람나무부터 살펴보도록 하겠다. 두 감람나무하면 구약성경 스가랴서가 떠오른다. 스가랴 4장을 보면 등잔대와 두 감람나무 환상이 나온다. 선지자 스가랴는 천사에게 두 감람나무가 무슨 뜻이냐고 질문했고, 천사는 스가랴에게 풀어서 설명했다.

"내가 그에게 물어 이르되 등잔대 좌우의 두 감람나무는 무슨 뜻이니이까 하고"(슥 4:11)

"이르되 이는 기름 부음 받은 자 둘이니 온 세상의 주 앞에 서 있는 자니라 하더라"(슥 4:14)

두 감람나무는 기름 부음 받은 자 두 사람을 가리킨다. 그렇다면 그 두 사람은 누구일까? 스가랴서를 읽으면 두 사람이 누구인지 쉽게 알 수 있다. 두 감람나무로 지칭된 두 사람은 대제사장 여호수아와 유대 총독 스룹바벨이었다. 두 사람은 하나님의 성전을 재건하라는 사명을 받았다. 사명은 똑같았는데, 역할은 달랐다. 유대 총독 스룹바벨은 정치 지도자 즉 왕 같은 역할을 하면서 이스라엘 백성들과 함께 성전건축 사명을 감당했고. 대제사장 여호수아는 제사장의 역할을 하면서 백성들과 함께 성전건축 사명을 감당했다. 그런데 스가랴서에 등장했던 두 감람나무가 요한에게 계시한 환상에 나타났다. 왜 예수님은 요한에게 두 감람나무 환상을 보여주신 것일까? 이유는 간단하다. 스룹바벨이 왕 같은 역할을, 여호수아가 제사장의 역할을 하면서 하나님의 사명을 감당했듯이, 종말의 때에 세상 속에서 왕 같은 제사장의 역할을 하면서 하나님의 사명을 감당하는 어떤 존재가 있다는 것을 깨우쳐주기 위해서였다. 과연 누구일까? 왕 같은 제사장들은 다름 아닌 하나님의 택함 받은 백성인 교회다.

"그러나 너희는 택하신 족속이요 왕 같은 제사장들이요 거룩한 나

라요 그의 소유가 된 백성이니 이는 너희를 어두운 데서 불러내어 그의 기이한 빛에 들어가게 하신 이의 아름다운 덕을 선포하게 하려 하심이라"(벧전 2:9)

감람나무가 둘이라는 것은 증인을 상징한다. 두 명이라는 숫자는 증인의 숫자였고, 예수님도 두 명씩 짝을 지어 복음을 전하게 하셨다. 그리고 초대교회도 두 명씩 선교사를 파송했다.[33]

"사람의 모든 악에 관하여 또한 모든 죄에 관하여는 한 증인으로만 정할 것이 아니요 두 증인의 입으로나 또는 세 증인의 입으로 그 사건을 확정할 것이며"(신 19:15)

"열두 제자를 부르사 둘씩 둘씩 보내시며 더러운 귀신을 제어하는 권능을 주시고"(막 6:7)

"주를 섬겨 금식할 때에 성령이 이르시되 내가 불러 시키는 일을 위하여 바나바와 사울을 따로 세우라 하시니"(행 13:2)

종합해보면 교회는 왕 같은 제사장의 역할을 하면서 복음의 증인의 사명을 감당하기 위해 마지막 때의 두 감람나무로 부름을 받은 것이다. 이제 두 촛대에 대해 살펴보도록 하겠다. 촛대 역시 교회를 의미한다.

---

33) 오광만, 「영광의 복음 요한계시록」(서울: 생명나무, 2011), 249.

"네가 본 것은 내 오른손의 일곱 별의 비밀과 또 일곱 금 촛대라 일곱 별은 일곱 교회의 사자요 일곱 촛대는 일곱 교회니라"(계 1:20)

요한계시록 1장 20절에는 일곱 촛대가 나오는데, 일곱 촛대는 일곱 교회라고 예수님이 요한에게 말씀하셨다. 그렇다면 두 증인, 두 감람나무, 일곱 촛대라고 해야 하지 않을까? 충분히 그렇게 생각할 수 있다. 그렇다면 일곱 촛대와 두 촛대는 어떤 차이가 있을까? 우선 일곱 촛대의 숫자 일곱은 완전을 나타내는 숫자다. 그래서 일곱 촛대는 모든 교회를 상징한다. 예를 들어 보겠다. 요한계시록 2장과 3장에는 일곱 교회가 나온다. 제일 먼저 나오는 교회는 에베소 교회다.

"에베소 교회의 사자에게 편지하라 오른손에 있는 일곱 별을 붙잡고 일곱 금 촛대 사이를 거니시는 이가 이르시되"(계 2:1)

분명히 다른 교회들이 아닌 에베소 교회에게 하신 말씀이다. 그런데 결론에 가서는 에베소 교회에게 하신 말씀이 그들에게만 아니라 모든 교회들에게 하신 말씀이라고 기록되어 있다.

"귀 있는 자는 성령이 교회들에게 하시는 말씀을 들을지어다 이기는 그에게는 내가 하나님의 낙원에 있는 생명나무의 열매를 주어 먹게 하리라"(계 2:7)

에베소 교회뿐 아니라 요한계시록 2장과 3장에 등장하는 나머지 여섯 교회에게 하신 말씀도 교회들에게 하신 말씀이라고 기록되어 있다. 그렇다면 요한계시록 11장에 기록된 두 촛대의 환상은 무엇을 의미하는 것일까? 둘은 증인을 상징하는 숫자다. 요한계시록 1장의 일곱 촛대가 모든 교회를 상징하는 것이라면, 11장의 두 촛대는 증인된 교회, 복음 전파 사명을 받은 교회를 의미하는 것이다. 그러면 일곱 촛대와 두 촛대는 같은 것일까, 다른 것일까? 정답은 같은 것이다. 요한계시록에 기록되어 있는 일곱 촛대와 두 촛대는 모두 교회를 상징하기 때문이다.

그래서 요한계시록의 두 증인은 어떤 특정한 사람이 아니라 하나님의 택함 받은 백성인 교회를 상징한다. 이단들은 요한계시록 11장 두 증인, 두 감람나무, 두 촛대를 자신들이 추앙하는 교주라고 말하지만 전혀 근거 없는 주장이다. 오히려 우리는 요한계시록 11장에 나오는 두 증인, 두 감람나무, 두 촛대에 대한 바른 해석을 가지고 있다. 위에서 언급했듯이 두 증인, 두 감람나무, 두 촛대는 하나님의 말씀과 능력을 위임받은 증인된 교회, 왕 같은 제사장의 역할을 하는 교회를 의미한다.

12. 해를 옷 입은 한 여자 :: 요한계시록 12장

중학생 시절, 나는 산상부흥회에 참석한 적이 있었다. 부흥회 강사는 요한계시록 12장에 나오는 해를 입은 여자에 대해 설교했다. 그 당시 한글 성경은 개역한글판이었다.

"하늘에 큰 이적이 보이니 해를 입은 한 여자가 있는데 그 발 아래에는 달이 있고 그 머리에는 열두 별의 면류관을 썼더라"(계 12:1)

부흥회 강사는 "해를 입은 여자"를 '마귀의 핍박을 받아 피해를 당하는 여자'라고 말했다. 그는 요한계시록 12장의 '해'를 '피해를 입히다.', '손해를 보다'라는 뜻을 가진 한자 '해칠 해(害)'로 이해했던 것이다. 몇 해 전, 세 번째 책 「이단대처를 위한 무한도전」이 출판되었을 때 일이다. 나는 K목사에게 책을 선물하기 위해 그가 사역하던 교회를 방문했다. 그는 요한계시록에 관심이 많았다. 나는 그에게 "해를 입은 여자"에 나오는 '해'를 어떻게 이해하고 있는지 물어봤다. 그 역시 "해를 입은 여자"를 사단으로부터 고난과 피해를 당하는 여인으로 알고 있었다. 그래서 나는 이렇게 말했다. "그렇죠. 목사님. 저도 그렇게 들었고, 그렇게 배웠습니다. 그런데 요한계시록 12장의 '해'는 '손해, 피해'를 의미하는 것이 아니라, '하늘의 해' 즉 '태양', 영어로 'sun'입니다." 내 말을 들은 K목사는 눈이 휘둥그레졌다. 그리고 그는 내 앞에서 영어 성경을 펼쳐서 본문을 확인했다. 한글성경 "해를 입은 한 여자"는 영어로 "a woman clothed with the sun"이라고 기록되어 있었다. 그는 내게 이 사실을 알려줘서 고맙다고 말했다. 그리고 자신이 지도하는 약 200명의 청년들에게 요한계시록 특강을 해주길 부탁했다.

나는 모태신앙인 아버지께도 물어봤다. "아버지, 요한계시록에 나오는 '해를 입은 여자'에서 '해'가 무슨 뜻이라고 알고 계세요?" 역시 내 생각이 틀리지 않았다. 아버지도 마귀로부터 손해, 피해를 당하는 여인으로 알고 있었다. 그래서 나는 아버지께 피해가 아닌 하늘에 떠 있는 해라고 말씀드렸다. 바른 해석을 알게 된 아버지는 "해를 입은 여자"가 무슨 의미인지 잘 알 것 같다고 말씀하셨다.

세칭 신천지는 "해를 입은 여자"를 어떻게 해석할까? 그들은 '해를 입은 여자'를 비유로 푼다.

> *"해, 달, 별을 입은 여자는 장막성전의 목자를 비유한 것이다. 야곱이 그 가족 이스라엘(해, 달, 별)을 인도하는 것 같이 본문의 여자도 선민 이스라엘 즉 해, 달, 별을 인도하는 목자인 것이다"* [34]

신천지 교리비교 동영상을 보면 "해를 입은 여자"를 '영적 이스라엘의 목자'라고 말한다. 그들이 말하는 영적 이스라엘은 신천지 신도들을 의미한다. 자칭 영적 이스라엘을 주장하는 신천지 신도들의 목자는 신천지 총회장 이만희다. 그래서 그들은 이만희를 약속의 목자라고 부른다.

---

34) 이만희, 「천국비밀계시」, 217.

세칭 은혜로교회는 "해를 입은 여자"를 신옥주라고 주장한다.

"은혜로교회 신옥주 목사님께서는 당신의 인격이나 남들이 어떻게 생각할지 괘념치 않으시고, 오직 하나님의 일과 영원한 복음을 전파하는 일에만 몰두하셨기에 지금의 이 치욕과 수치를 겪고 계시지만 오로지 주야로 하나님의 복음을 위해 연구하고 준행할 뿐이시며, 요한계시록 12장에 기록된 대로 육으로 아들 하나를 낳았으며, 낳지 않은 딸을 길렀으며, 성부 하나님의 마음을 알아 온전히 하나님의 깊은 것을 밝히 드러내시는 해를 입은 여자로서, 아가서에 기록된 대로 그 어미의 외딸이며, 백합화 가운데서 양떼를 먹이며, 사랑하는 자를 의지하여 거친 들에서 올라오는 술람미 여인이심을 진실로 전 은혜로교회 성도들이 증언합니다." [35)]

세칭 JMS는 여자보다는 해, 달, 별을 중요하게 다룬다. 성경의 해, 달, 별은 문자적으로 풀면 알지 못하고, 오직 비유로 풀어야만 말씀의 참 뜻을 알 수 있다고 말한다. 그렇다면 해, 달, 별을 어떻게 해석할까?

"해는 하나님이 보내시는 섭리사 주인을 두고 말한 것이 틀림없다. 구약 때는 모세를 두고 말했고 말라기 본문은 예수님을 두고 말한 것이다. (중략) 별은 자손이나 형제, 해는 주체 되는 중심자, 달은 어머니 같은 내적 사명자를 두고 한 말이 확실하다. (중략) 다만 비유로 말

35) 은혜로교회, 「그 피고가 와서 밝히느니라」, 22-24.

씀하시고 계시하시는 하나님을 못 깨달았을 뿐이다." [36)]

JMS에서 말하는 해와 같은 중심자, 섭리사 주인은 누구를 지칭하는 것일까? 자칭 재림주 정명석이다. 정리하면 해를 강조하는 이단이 있는가 하면, 해가 아닌 여자를 강조하는 이단도 있다. JMS는 해를, 반면에 신천지와 은혜로교회는 여자에 초점을 둔다. 그러나 이들의 공통점은 자신들의 지도자를 해 또는 여자로 해석한다는 것이다. 그렇다면 요한계시록 12장 1절에 나오는 "해를 입은 여자"에 대한 정통교회의 바른 해석은 무엇일까? 한글 개역개정판 성경은 본문을 이렇게 번역했다.

"하늘에 큰 이적이 보이니 해를 옷 입은 한 여자가 있는데 그 발 아래에는 달이 있고 그 머리에는 열두 별의 관을 썼더라"(계 12:1)

해는 영광을 상징한다. 그리고 옷은 옷을 입은 사람의 신분을 의미한다. 그렇다면 여자는 무엇을 뜻하는 것일까? 일단 요한계시록 12장에 나오는 여자는 아이를 낳는 여자라는 것을 알 수 있다. 그 여자가 낳은 아이는 메시아이신 예수님을 가리킨다.

"여자가 아들을 낳으니 이는 장차 철장으로 만국을 다스릴 남자라 그 아이를 하나님 앞과 그 보좌 앞으로 올려가더라"(계 12:5)

---

36) 정명석, 「비유론」 (서울: 도서출판 명, 1998), 50.

그렇다면 메시아 예수님을 낳은 여인은 누구일까? 마리아이다. 직접적으로 예수님의 어머니 마리아라고 소개하고 있지는 않지만 요한계시록 12장의 여자가 마리아라는 것을 쉽게 알 수 있다. 그래서 가톨릭은 해를 옷 입은 한 여자를 마리아라고 주장한다. 그런데 요한계시록을 자세히 보면 사람의 이름을 구체적으로 기록하지는 않았지만 내용을 읽어보면 어떤 사람을 말하는 것인지 쉽게 알 수 있도록 기록했다는 것을 발견하게 될 것이다. 이것이 요한계시록의 독특한 특징 중 하나이다. 요한계시록 12장 앞에 있는 11장을 보면 두 증인이 나온다. 그런데 두 증인의 이름을 구체적으로 기록하지는 않았다. 그렇지만 내용을 보면 그들이 구체적으로 누구인지 쉽게 알 수 있다.

> *"그들이 권능을 가지고 하늘을 닫아 그 예언을 하는 날 동안 비가 오지 못하게 하고 또 권능을 가지고 물을 피로 변하게 하고 아무 때든지 원하는 대로 여러 가지 재앙으로 땅을 치리로다"(계 11:6)*

두 증인은 다름 아닌 엘리야와 모세이다. 하나님의 능력과 말씀을 상징하는 두 증인의 역할을 위임받은 사람들은 교회다. 그래서 두 증인은 교회를 상징하는 것이다. 다시 돌아가서 요한계시록 12장의 메시아를 낳은 여자는 마리아라는 것을 알 수 있다. 두 증인처럼 구체적인 이름이 기록되지는 않았지만 누가 읽어보더라도 해를 옷 입은 한 여자가 마리아라는 것을 독자들은 깨닫게 된다. 그러나 요한계시록은 예수님의 어머니 마리아를 칭송하기 위해 기록된 말씀이 아니다.

그렇다면 마리아를 통해 무엇을 말하고 싶은 것일까? 모세와 엘리야가 요한계시록에서 상징적인 의미를 가지고 있는 것과 같이 마리아의 상징이 무엇인가를 발견하는 것이 중요하다. 그렇다면 마리아는 누구를 상징하는 것일까? 이것은 예수님의 어머니 마리아를 배경으로 하는 교회를 의미한다.[37] 그 이유는 모든 그리스도인들이 어머니와 같은 교회를 통해 영적인 자양분을 공급받기 때문이다. 그래서 본문에서 말하는 여자는 하나님의 은혜가 함께하는 교회를 상징하는 것이다. 여기에서 특이한 것은 교회를 여인 중에서도 아이를 잉태하고 낳는 어머니로 비유했다는 것이다.

그래서 초기 기독교 교부 키프리안(Cyprian)은 "교회를 어머니로 모시지 않는 자는 하나님을 아버지로 모실 수 없다."고 말했다.[38] 요한계시록의 어린 양의 신부도 하나님의 백성, 교회를 의미한다. 그리고 발 아래 달이 있다는 것은 권세와 통치를, 열두 별의 관 즉 면류관은 승리와 영생을 상징하는 것이다.

"오직 성령이 너희에게 임하시면 너희가 권능을 받고 예루살렘과 온 유대와 사마리아와 땅 끝까지 이르러 내 증인이 되리라 하시니라" (행 1:8)

그런데 영광스러운 교회, 권능을 가지고 있는 교회 그리고 마지막 날에 승리하여 영생을 누릴 교회가 이 땅에서는 마귀의 시험을 받아

---

37) 박수암, 「요한계시록」, (서울: 대한기독교서회, 1998), 196.
38) Henry Bettenson, 「초기기독교교부」, 박경수 역 (서울: 크리스챤 다이제스트, 2000), 361.

고난과 핍박도 당한다는 것을 보여준다.

> *"너는 장차 받을 고난을 두려워하지 말라 볼지어다 마귀가 장차 너희 가운데에서 몇 사람을 옥에 던져 시험을 받게 하리니 너희가 십 일 동안 환난을 받으리라 네가 죽도록 충성하라 그리하면 내가 생명의 관을 네게 주리라"(계 2:10)*

이것은 우리에게 무엇을 교훈하는 것일까? 결론적으로 말하면 영광스러운 교회는 고난당하는 교회이다. 영광스러운 교회가 따로 있고, 고난당하는 교회가 따로 있는 것이 아니라 이 지구상의 모든 교회는 이 두 가지 특징을 모두 가지고 있다는 것이다. 정통교회는 "해를 옷 입은 한 여자"를 교회로 해석하는 반면 이단들은 자신들이 신봉하는 교주와 그를 따르는 신도들로 해석하는 경향이 많다.

13. 육백육십육 :: 요한계시록 13장

일본 오사카 모모다니에 있는 사랑의 교회로 단기선교를 갔을 때의 일이다. 본당에 이현숙의 「마지막 기회」라는 소책자가 있었다. 저자는 책에서 요한계시록 13장에 나오는 짐승의 표 육백육십육을 베리칩, 마이크로칩이라고 말했다.

"그러면 과연 사람의 손이나 이마에 이식하거나 매매 수단으로 사용될 만한 것이 무엇이 있을까요? 오늘날 이와 같은 역할을 할 수 있는 것이 무엇이 있겠습니까? 아마도 대부분의 사람들은 얼른 머리에 떠오르지 않을 것입니다. 그러나 비슷한 정도가 아니라 너무나도 정확하게 일치하는 물건이 있는데 그것은 바로 마이크로칩, 일명 베리칩이라고도 하는 생체 이식용 전자 칩입니다."[39)]

사실 많은 정통교회 목회자들도 육백육십육을 베리칩이라고 설교하고 있다. 그렇다면 이현숙과 다수의 정통교회 목회자들이 주장하고 있는 이 해석은 정말 옳은 것일까? 아니면 틀린 것일까?

세칭 JMS는 요한계시록 13장 육백육십육을 어떻게 해석할까? 일단 JMS는 육백육십육을 크레디트 카드 또는 바코드로 해석하는 것은 잘못된 것이라고 말한다. 그들은 육백육십육을 3차 대전과 연관 지어서

39) 이현숙, 「마지막 기회」 (성남: 도서출판 아가, 2010), 9.

해석한다. 요한계시록 9장을 보면 이만 만 즉 2억의 마병대가 나오는데, 이 전쟁 가운데 사람 삼분의 일이 죽는다고 기록되어 있다.

> *"네 천사가 놓였으니 그들은 그 년 월 일 시에 이르러 사람 삼분의 일을 죽이기로 준비된 자들이더라 마병대의 수는 이만 만이니 내가 그들의 수를 들었노라"(계 9:15-16)*

JMS는 이 말씀을 근거로 육백육십육을 전쟁에서 죽는 사람의 수라고 주장하며, 짐승의 표를 받는다는 것은 진짜 표가 아니라 사람의 행실과 사상이라고 해석한다.

> *"마병대의 수가 이만 만 즉 2×만×만=2억이며, 그 중의 ⅓이라고 했다. 2억의 ⅓은 66,666,666이다. 영육간의 싸움으로 죽는 사람의 수가 66,666,666이라는 것이다. 고로, 지구촌이 다 멸망하는 것이 아니라 오직 전쟁터에 참가한 사람, 전쟁의 주관권, 전쟁 지역에 들어 있는 사람들만 죽게 된다는 것이다. 실제로 시대의 전쟁마다 전쟁이 일어난 지역과 전쟁에 참가한 사람들만 죽었다. 역사적으로 양차 대전의 희생자에 대한 통계를 살펴보면, 2차 대전 약 5천만 명 등 각각 66,666,66의 범위 내에서 사상자가 생겼고 한계를 넘지 못했다. 이러므로 설혹 3차 전쟁이 일어난다고 해도 화를 입어 죽는 사람의 수도 66,666,666 축소하면 666의 한계 안에 들어 있다는 것이다."* [40]

40) 세계청년대학생MS연맹, 「초급편」, 219-220.

세칭 신천지는 요한계시록 13장의 짐승의 표 육백육십육을 비유로 해석한다. 신천지 교리비교 동영상을 보면 짐승의 표는 사단의 표이며, 이것은 사단의 교리라고 말한다. 그리고 짐승의 표를 이마에 받는다는 것은 안수 받는 것이고, 오른손에 표를 받는 것은 선서하는 것이라고 주장한다. 쉽게 말하면, 요한계시록 13장의 짐승의 표는 정통교회 교리를 비유한 것으로써 곧 사단의 교리라는 것이다. 또 육백육십육을 '사단의 교리를 가지고 성도들을 미혹하는 거짓 목자'라고 해석한다. 그러면 그들은 짐승의 표를 이마와 손에 받는다는 것을 어떻게 설명할까? 신천지는 거짓 목자들로 구성된 교단의 교리와 교회법에 근거하여 목사 안수 받는 것을 이마에 육백육십육을 받는 것이라고 말한다. 또 주의 종으로 살겠다는 다짐의 표시로써 손을 들고 선서하는 것을 손에 짐승의 표를 받는 것이라고 가르친다.

그렇다면 요한계시록 13장 짐승의 표 육백육십육에 대한 JMS의 해석이 옳은 것일까? 아니면 신천지의 해석이 옳은 것일까? 예상했겠지만 JMS와 신천지의 해석은 모두 틀린 것이다. 육백육십육에 대한 JMS, 신천지의 해석이 모두 틀린 것이라면 정통교회의 바른 해석은 무엇일까? 이제 요한계시록 13장에 나오는 짐승의 표 육백육십육, "헥사쿠시오이 헥세콘다 헥시"의 바른 해석을 살펴보도록 하겠다.

"그가 모든 자 곧 작은 자나 큰 자나 부자나 가난한 자나 자유인이나 종들에게 그 오른손에나 이마에 표를 받게 하고 누구든지 이 표를 가진 자 외에는 매매를 못하게 하니 이 표는 곧 짐승의 이름이나 그 이름의 수라 지혜가 여기 있으니 총명한 자는 그 짐승의 수를 세어 보

라 그것은 사람의 수니 그의 수는 육백육십육이니라"(계 13:16-18)

본문을 자세히 보면 이단들이 주장하는 것이 전혀 근거가 없다는 것을 쉽게 발견할 수 있다. 그 이유는 짐승의 표가 짐승의 이름이기 때문이다. 그리고 짐승의 표는 짐승의 숫자다. 그렇다면 여기에서 말하는 짐승은 어떤 짐승일까? 사자, 호랑이, 늑대와 같은 무섭고 포악한 짐승을 말하는 것일까? 그런데 본문을 자세히 읽어보면 요한계시록 13장의 짐승은 동물이 아니라 사람이라는 것을 알 수 있다. 짐승의 수는 어떤 사람 이름의 숫자이면서, 사람의 숫자라고 본문에 기록되어 있다. 일단은 JMS가 말한 전쟁의 희생자 수도 아니고, 신천지에서 말하는 정통교회 교리라는 주장은 모두 틀리다는 것을 알 수 있다. 또 육백육십육을 마이크로칩, 베리칩이라고 해석하는 것 역시 잘못된 것이다.

요한계시록 13장의 짐승으로 비유된 사람은 예수 그리스도를 믿는 교회를 핍박하는 존재였다. 사도 요한 역시 그 짐승으로 비유된 사람에 의해 밧모 섬에 갇히게 되었다. 그 사람은 다름 아닌 로마제국 제11대 황제 도미티안(Domitianus)이었다. 얼마나 포악했던지 그에게 붙여진 별명이 있었다. 로마제국 황제 중 그리스도인들을 가장 많이 핍박했던 인물은 로마제국 제5대 황제였던 네로(Claudius Caesar Augustus Germanicus Lucius Domitius Nero)였다. 그래서 도미티안 황제를 제2의 네로라고 불렀다. 네로의 이름을 히브리어로 표기하면 네론 카이사르(נרון קסר)이다. 당시 히브리어는 숫자로도 사용되었는데, 네론 카이사르의 히브리식 숫자를 모두 합해보면 육백육십육이 된다. 요한계시록 13장에 언급된 짐승의 이름은 네로이고, 그 이름을 숫자로 계산하면 육백육십육이다. 그리고 본문에 지칭된 짐승은 제2의 네로라고 불렸던 도미티안 황제를 의미한다. 이렇듯 고대에는 사람의 이름을 숫자로 변환해서 사용하기도 했는데, 이것을 게마트리아(gematria)라고 부른다.

> *"이러한 표현 방법을 '게마트리아'(gematria)라고 한다. 이것은 헬라어나 히브리어의 알파벳이 각기 숫자를 가진다는 사실에 근거하여 이름에 포함된 알파벳에 해당되는 모든 숫자를 더한 결과를 이름 대신 사용하는 것을 의미한다. 예를 들면 폼페이의 어느 벽에 쓰여진 낙서에 '나는 그의 이름이 545인 그녀를 사랑한다.'라고 쓰여 있다고 한다. 여기에서 545는 이 낙서를 기록한 사람이 사랑하는 사람의 이름이라는 것을 알 수 있다."* [41)]

결국 믿음을 지키기 위해 황제숭배 예배에 참석하지 않는 사람들은 표를 받지 못했다. 표를 받지 못했다는 것은 황제숭배를 거부했다는 것이고, 반국가적인 행위로 간주되었다. 표를 받지 못한 그리스도인들에게 돌아오는 것은 핍박이었다. 반대로 황제숭배 예배에 참석한 사람들은 참가했다는 표를 받았고, 그 대가로 로마제국 안에서 일상생활과 경제활동을 하는데 아무런 어려움이 없었다. 이런 모습은 성경시대에만 있었던 것은 아니다. 일제 36년 동안 식민지였던 우리나라는 신사참배를 강요당했다. 신사참배를 거부했던 사람들은 당연히 일제로부

41) 이필찬, 「내가 속히 오리라」(서울: 도서출판 이레서원, 2011), 597.

터 핍박을 당했고, 경제활동을 박탈당하게 되어 극심한 가난으로 고통을 당했다.

지금도 육백육십육과 같은 인물들이 나타나 교회를 극심하게 핍박한다. 분명한 것은 예수님께서 다시 오시는 그날까지 육백육십육과 같은 사람과 그를 추종하는 세력들은 역사 속에서 계속 일어난다는 것이다. 그러나 요한계시록은 육백육십육과 같은 사람과 그를 따르는 추종자들이 받는 하나님의 심판을 보여주고 있다. 반면 육백육십육과 같은 사람에게 굴복하지 않고 믿음을 지킨 교회와 성도들은 하나님께서 예비하신 새 하늘과 새 땅이라는 복이 있다는 것을 본문을 통해 말씀하고 있다.

14. 십사만 사천 :: 요한계시록 14장

몇 해 전, 나는 서울 E교회 청소년부 수련회 강사로 간적이 있었다. 강의가 끝난 후, 청소년부 교사로 섬기는 여대생을 만났다. 그 여학생은 내게 급히 상담할 것이 있다고 말했다. "목사님, 제가 오늘 목사님 강의를 듣는데 너무 놀랐어요. 목사님께서 말씀하신 신천지 성경공부를 제가 하고 있다는 것을 알게 되었어요. 저 이제 어떡하죠?" 나는 그 여학생의 말을 듣고 놀랐다. 그리고 이렇게 말했다. "천만다행이네요. 지금이라도 신천지 성경공부라는 것을 알게 되었으니 그만두면 됩니다." 내 말을 들은 그 여학생은 이렇게 말했다. "저는 집이 서울인데, 학교는 수원으로 다녀요. 제 전공은 간호학인데, 제가 3학년이 되어서 국가고시를 준비해야겠다고 생각했어요. 그래서 성경공부를 가르쳐 주는 강사님에게 국가고시 준비 때문에 성경공부하기가 어려울 것 같다고 말씀드렸어요. 그러자 강사님은 저의 이런 자세를 볼 때, 정말 구원을 받았다고 확신할 수 있냐고 되물으셨어요. 순간 저는 제가 구원을 받지 못하고, 십사만 사천에 들어가지 못할 수도 있다는 두려움이 들었어요. 그래서 이번 주에도 네 번을 수원에서 성경공부하고 끝나면 다시 서울로 돌아왔어요." 나는 여학생이 신천지 성경공부를 하면서 구원 스트레스, 십사만 사천 노이로제에 빠져있다는 것을 알게 되었다. 다행히 상담은 잘 되었고, 여학생은 복음 안에서 다시 자유를 찾게 되었다.

이단들이 가장 많이 사용하는 단어 중 하나가 요한계시록에 나오는 십사만 사천이다. 여호와의 증인, 하나님의 교회, 신천지, JMS, 통일교 등 정통교회를 미혹하는 이단들은 자신들만이 십사만 사천이고, 자신들 그룹만이 구원을 받는다고 주장한다. 세칭 JMS는 십사만 사천에 대해 다음과 같이 말했다.

> *"이와 같이 십사만 사천은 수리적 차원을 넘어서 그리스도를 중심으로 당세의 말씀을 믿고 따른 자, 메시아를 따르는 모든 사람들을 말하는 것이지 결코 정해진 숫자가 아니다. 초림 때는 참예한 자들이다. 재림 때는 천년왕국의 첫 열매이신 재림 주님을 중심으로 이스라엘 12지파의 확대판인 기독교의 12지파를 중심으로 첫 부활에 참여한 당세에 믿고 따른 자들을 말한다."* [42]

JMS에서 말하는 재림 주님, 메시아는 예수 그리스도를 말하는 것이 아니다. 하나님과 예수의 영이 임한 한 육체를 가진 사람을 뜻한다. JMS는 이 사람을 재림주라고 부른다. JMS 총재 정명석이다. 그는 재림주를 믿는 사람만이 영적인 십사만 사천에 들어가서 구원을 받을 수 있다고 주장한다.

세칭 신천지 역시 요한계시록 십사만 사천에 대한 관심이 많다. 예상했겠지만 신천지는 전국에 있는 신천지 12개 지부를 12지파라고 부르는데, 신천지 12지파에 속한 십사만 사천만이 구원을 받는다고 말한다.

---

42) 세계청년대학생MS연맹, 「초급편」, 223-224.

"대언자 사도 요한 격인 목자를 중심하여 열두 제자(지파장)를 세우고 그들을 통해 사방에서 추수하여 하늘에서 온 말씀으로 양육하고 인 치므로 그들이 인 맞은 영적 새 이스라엘 열두 지파의 나라와 제사장이요 백성인 것이다." [43)]

신천지에서 말하는 대언자 사도 요한 격인 목자는 신천지 총회장 이만희를 가리킨다. 십사만 사천 순교자의 영이 땅에 내려와 신천지 신도 십사만 사천 명의 육체와 결합하게 된다고 주장한다. 이것이 신천지 중요교리 중 하나인 신인합일이다. 결국 요한계시록에서 말하는 십사만 사천과 구원이 신천지 안에서만 가능하다고 억지주장을 펼치고 있는 상황이다.

여호와의 증인도 십사만 사천을 강조한다. 그리고 이들은 구원의 세 계급을 주장한다. 그 중에 첫째 계급의 구원을 받는 사람이 십사만 사천이라고 말한다. 그러면 그들이 주장하는 첫째 계급의 구원을 받는 사람들은 누구일까? 그들의 주장에 따르면 여호와의 선택을 받은 특별한 소수의 여호와의 증인이 첫째 계급의 구원을 받을 수 있고, 지상에서 여호와의 증인으로 살다가 죽은 사람이 천국에 간다고 주장한다. [44)]각 이단의 주장을 정리해보면 자신들 안에서만 십사만 사천과 구원이 이루어진다는 것이다. 이제 이 질문을 해 봐야한다. 요한계시록 7장과 14장의 십사만 사천에 대한 여호와의 증인, JMS, 신천지의 해석은 옳은 것일까? 아니면 틀린 것일까? 만약 틀렸다면 정통교회의 바

43) 이만희, 「천국비밀계시」, 143.
44) 서춘웅, 「교회와 이단」, 282-283.

른 해석은 무엇일까? 결론부터 말하면 십사만 사천에 대한 여호와의 증인, JMS, 신천지의 해석은 잘못된 것이다. 그렇다면 정통교회의 바른 해석은 무엇일까?

우선 십사만 사천은 12×12×1,000의 결과다. 앞의 12는 구약의 이스라엘 열두 지파를 의미하고, 뒤의 12는 신약의 예수님 열두 제자를 뜻한다. 그리고 충만함을 뜻하는 1,000은 모든 사람들을 지칭한다. 결국 이 말은 소수의 특정인 십사만 사천만 구원을 받는 것이 아니라 신구약 모든 시대 가운데 살았던 믿음의 사람들이 구원받는다는 것을 상징한다. 그래서 요한계시록 7장과 14장의 십사만 사천은 교회를 뜻한다. 어떤 사람들은 이렇게 질문할 수 있다. "구약의 열두 지파가 교회라는 말이 맞습니까?" 구약의 열두 지파는 하나님의 택함 받은 백성을 뜻한다. 그리고 이런 믿음과 생각은 신약시대까지 전해졌다.

> *"이스라엘 자손에 대하여 하나님이 너희 형제 가운데서 나와 같은 선지자를 세우리라 하던 자가 곧 이 모세라 시내 산에서 말하던 그 천사와 우리 조상들과 함께 광야 교회에 있었고 또 살아있는 말씀을 받아 우리에게 주던 자가 이 사람이라"(행 7:37-38)*

출애굽한 이스라엘 열두 지파는 광야 교회였다. 그리고 신약의 열두 제자를 통해 복음이 전파되어 예수님을 믿는 그리스도의 제자들이 지역마다 생겼다. 사람들은 이들을 그리스도인이라고 불렀다.

> *"만나매 안디옥에 데리고 와서 둘이 교회에 일 년간 모여 있어 큰*

무리를 가르쳤고 제자들이 안디옥에서 비로소 그리스도인이라 일컬음을 받게 되었더라"(행 11:26)

그리고 그리스도인들은 함께 예배하고 교제했다. 성경은 이 신앙 공동체를 교회라고 불렀다. 대부분의 바울서신은 각 지역에 있는 신앙 공동체 즉 교회에게 보낸 편지였다. 요한계시록도 소아시아 일곱 교회에게 보낸 편지였다. 그렇다면 왜 요한계시록 7장과 14장에서 교회를 상징적인 숫자 십사만 사천으로 기록했을까? 그렇게 한 것은 이유가 있기 때문이다.

"내가 인침을 받은 자의 수를 들으니 이스라엘 자손의 각 지파 중에서 인침을 받은 자들이 십사만 사천이니"(계 7:4)

사도 요한은 환상 속에서 이스라엘 각 지파를 보게 되었고, 그들의 수가 각 지파별로 일만 이천인 것을 알게 되었다. 이스라엘 각 지파를 이렇게 계수한 성경이 있다. 어디일까? 민수기다. 하나님께서 모세에게 백성을 계수하라고 말씀하셨다. 거기에는 이유가 있었다.

"이스라엘 자손이 애굽 땅에서 나온 후 둘째 해 둘째 달 첫째 날에 여호와께서 시내 광야 회막에서 모세에게 말씀하여 이르시되 너희는 이스라엘 자손의 모든 회중 각 남자의 수를 그들의 종족과 조상의 가문에 따라 그 명수대로 계수할지니 이스라엘 중 이십 세 이상으로 싸움에 나갈 만한 모든 자를 너와 아론은 그 진영별로 계수하되 각 지파

의 각 조상의 가문의 우두머리 한 사람씩을 너희와 함께 하게 하라" (민 1:1-4)

민수기의 이스라엘 열두 지파에 대한 인구계수는 20세 이상인 남자이면서 전쟁에 나갈 수 있는 사람들을 파악하기 위함이었다. 그런데 예수님은 요한에게 보이신 환상에서 인구계수를 말씀하셨다. 그 이유는 십사만 사천인 구원받은 하나님의 백성 즉 교회가 어떤 존재라는 것을 일깨워 주시기 위함이었다. 지상에 있는 모든 교회들은 어떤 존재일까? 그리고 왜 십사만 사천일까? 그 이유는 교회가 하나님의 군사이기 때문이다. 또 하나님의 군사로서 믿음의 선한 싸움을 싸우게 하기 위해 성도로 부르신 것이다.

"너는 그리스도 예수의 좋은 병사로 나와 함께 고난을 받으라"(딤후 2:3)

"아들 디모데야 내가 네게 이 교훈으로써 명하노니 전에 너를 지도한 예언을 따라 그것으로 선한 싸움을 싸우며"(딤전 1:18)

요한계시록 7장의 십사만 사천은 지상에서 믿음의 선한 싸움을 싸우는 교회를 의미한다. 반면 요한계시록 14장의 십사만 사천은 지상에서 모든 선한 싸움에 승리하고 새 하늘과 새 땅에 올라간 영광스러운 교회를 뜻한다.

특별히 요한계시록 일곱 교회는 황제숭배의 강요와 핍박, 거짓 교사들의 미혹에 맞서 선한싸움을 싸우고 있었다. 그런데 이런 상황 속에서 믿음을 지킨다는 것이 쉽지 않았다. 성도들은 갈등하기 시작했고, 주님의 다시 오심을 간절히 소망했다. 그때 예수님은 요한에게 환상을 통해 계시하셨다. 소아시아 일곱 교회는 영적인 십사만 사천이며, 믿음의 선한 싸움을 위해 부름 받은 영적인 군사라고 일깨워 주셨다. 오늘날의 모든 그리스도인 역시 요한계시록에서 말하는 십사만 사천이다. 십사만 사천은 천상에서 누리게 될 그리스도인의 영광과 지상에 있는 동안 그리스도인이 짊어져야 할 책임을 동시에 말하고 있는 것이다.

15. 유리 바다 :: 요한계시록 15장

나는 방학 때마다 해외단기선교를 간다. 여러 나라 중 일본은 약 20번 정도 방문했다. 약 18시간 정도 배를 타고 바다를 건너면 목적지인 일본 오사카에 도착한다. 긴 여행 시간 동안 머리를 식히기 위해 갑판 위에 올라갔다. 사방을 둘러볼 때 섬이 하나도 보이지 않으면 나는 이렇게 생각을 했다. '지금 배가 대한해협을 지나가고 있구나.' 정말 드넓은 바다와 하늘을 보면서 하나님의 높으심과 위대하심을 몸으로 체감했다.

내가 본 대한해협은 푸른 바다가 아닌 검푸른 바다였다. 검푸른 바다의 파도를 오래 보고 있으면 마치 모래사막을 보는 것 같은 기분이 들었다. 그리고 출애굽 사건의 홍해와 요한계시록의 유리 바다가 떠올랐다. 출애굽 당시 그들에게 엄습한 큰 두려움을 느낄 수 있었다. 또 자기 백성을 끝까지 지키고 보호하시는 하나님의 사랑에 감격했다. 책이 아닌 선상에서 바다를 경험하니 성경말씀이 피부에 와 닿는 것 같았다.

요한계시록 15장의 유리 바다는 무엇이고, 어떤 상징적인 의미가 있는 것일까? 만민교회 당회장 이재록은 37회 요한계시록 강해에서 유리 바다를 이렇게 설교했다.

"천국의 바다는 그 근본이 생명수 강에서 나온 물이므로 이 땅의 바다처럼 짠맛이 나는 것이 아니라 달면서도 오묘한 맛이 나지요. 또 바

닷속이 훤히 보이므로 그 바닷속의 물고기와 해초들도 속속들이 다 보이게 됩니다. 그런데 장차 백 보좌 심판 때가 되면 이 유리 바다가 중요한 역할을 하지요. 바로 각 사람이 이 땅에서 사는 동안 어떤 마음과 생각과 뜻과 언어와 행동을 했는지가 이 유리 바다에 그대로 드러나 보이게 됩니다. 너무나 맑고 깨끗한 유리 바다 위로 조금의 숨김도 없이 모든 것이 드러나지요. 유리 바다에 비쳐진 것은 하나도 거짓이 없이 모든 것이 진실이며 참입니다." [45]

그는 보좌 앞 유리 바다를 마치 거울과 비슷한 것으로 설명했다. 세칭 새일교회는 보좌 앞 궁창에 물이 있는데, 물 세계인 유리 바다를 건너가면 보좌 세계가 있다고 주장한다. 그들은 우리가 살고 있는 이곳에는 공기층이 있고, 그 다음에는 우주층이 있고, 그 다음에 올라가면 물 세계가 있고, 그 다음에 올라가면 보좌 세계가 있다고 말한다. 기독교 이단 만민교회와 새일교회는 요한계시록의 유리 바다를 진짜 천상에 있는 바다라고 주장하는 것이다. 이와는 반대로 유리 바다를 비유로 해석하는 대표적인 단체가 있다. 바로 신천지다.

세칭 신천지는 유리 바다를 무엇이라고 말할까? 신천지 교리비교 동영상을 보면 유리 바다를 하나님의 성경말씀이라고 주장한다. 약속의 목자로 추앙받는 신천지 총회장 이만희의 가르침을 듣고 믿을 때 영적 깨끗함을 받을 수 있다고 말한다.

---

45) 만민중앙교회 [온라인자료], https://www.youtube.com/watch?v=zmb2vesXJs8,, 2019년 6월 15일 접속.

“이 장막의 유리 바다는 모세 때의 바다와 거울이 아니요, 계시록 10장에서 받은 하나님의 말씀 곧 성경책이다. 이긴 자들이 이 말씀 앞에 모였고, 이 말씀으로 요한복음 15장 3절과 계시록 22장 14절과 같이 천정수(天井水)에 마음 씻고 마음 가운데 천궁(天宮)지어 양친부모(성령) 모셔다가 영원히 살게 하는 것이다.” [46]

구약시대 성소에는 놋으로 만든 물두멍이 있었다. 물두멍은 성소에 제사장들이 들어가기 전 손과 발을 깨끗하게 씻는 큰 대야였다. 신천지는 구약시대 성소의 물두멍에 해당하는 것을 요한계시록의 유리 바다라고 주장한다. 그래서 그들은 유리 바다를 사람의 영혼을 깨끗하게 씻기는 ‘하나님의 성경말씀’으로 해석하는 것이다. 그렇다면 정통교회의 바른 해석은 무엇일까?

“보좌 앞에 수정과 같은 유리 바다가 있고 보좌 가운데와 보좌 주위에 네 생물이 있는데 앞뒤에 눈들이 가득하더라”(계 4:6)

“또 내가 보니 불이 섞인 유리 바다 같은 것이 있고 짐승과 그의 우상과 그의 이름의 수를 이기고 벗어난 자들이 유리 바다 가에 서서 하나님의 거문고를 가지고”(계 15:2)

요한계시록의 유리 바다는 하나님의 구원을 상징한다. 요한이 환상

46) 이만희, 「천국비밀계시」, 269.

을 보았을 때, 보좌 앞에 유리 바다가 있었다. 보좌는 아무나 앉는 자리가 아니다. 왕이 앉는 의자이다. 그래서 보좌는 하나님을 상징한다. 그런데 "불이 섞인 유리 바다" 환상을 요한이 보게 되었다. 또 유리 바닷가에 구원받은 하나님의 백성들이 서 있는 것을 보았다. 성경을 어느 정도 아는 사람이라면 이 장면이 매우 익숙할 것이다. 그렇다. 모세와 함께 홍해를 건넌 이스라엘 백성들이 떠오른다. 이것이 분명한 것은 이어지는 요한계시록 15장 3절을 보면 확실해 진다.

요한계시록 15장 3절에 "하나님의 종 모세의 노래"가 나온다. 이 말은 출애굽 당시 이스라엘 백성들이 만났던 홍해와 요한계시록의 유리 바다가 연관되어 있다는 것을 보여준다. 정리하면 출애굽 사건의 홍해와 요한계시록의 유리 바다는 같은 상징적인 의미를 가지고 있다고 말할 수 있다. 이스라엘 백성들이 홍해를 건넌 후 바닷가에서 부른 노래가 출애굽기 15장 모세의 노래다. 이 노래의 핵심은 구원해 주신 은혜에 대한 감사다.

> *"그 날에 여호와께서 이같이 이스라엘을 애굽 사람의 손에서 구원하시매 이스라엘이 바닷가에서 애굽 사람들이 죽어 있는 것을 보았더라"(출 14:30)*

> *"이 때에 모세와 이스라엘 자손이 이 노래로 여호와께 노래하니 일렀으되 내가 여호와를 찬송하리니 그는 높고 영화로우심이요 말과 그 탄 자를 바다에 던지셨음이로다"(출 15:1)*

홍해가 하나님의 구원을 의미하듯이, 유리 바다 또한 하나님의 구원과 연관되어 있다. 물론 대적자 애굽의 바로왕과 군대는 하나님의 심판을 받았다. 그들에게 홍해는 하나님의 심판이었다. 그러나 이 말씀의 본질은 대적자들의 손에서 구원받은 하나님의 백성들에게 초점이 맞추어져 있다. 구원받은 하나님의 백성들에게 홍해는 하나님의 구원과 은혜의 상징인 것이다. 구약의 출애굽 홍해 사건을 통해 이스라엘 백성들은 구원자이신 하나님을 경험했다.

요한계시록 유리 바다 환상은 홍해 사건을 떠올리게 하면서, 소아시아 일곱 교회 성도에게 큰 위로와 소망을 주었을 것이다. 우리가 잘 알다시피 홍해 앞에 선 이스라엘 백성들은 애굽 바로왕의 군대로부터 자신들의 목숨을 구원할 수 없었다. 그러나 하나님은 이스라엘 백성들에게 은혜와 능력을 베푸셔서 구원하셨다. 마찬가지로 제2의 출애굽 백성인 교회도 하나님의 은혜로 구원받게 된다는 것을 환상으로 보여주셨다. 그런데 출애굽한 이스라엘 백성들과 다른 것은 지상의 홍해 바닷가가 아닌 하나님의 보좌가 있는 천상의 유리 바닷가에 서게 되는 것이다. 이것은 무엇을 상징하는 것일까? 이것은 모든 성도들이 하나님께서 예비하신 새 하늘과 새 땅, 천국으로 인도함을 받게 된다는 것을 의미한다. 출애굽한 이스라엘 백성들은 홍해를 하나님의 전적인 은혜로 건널 수 있었다. 마찬가지로 요한계시록 15장 유리 바다 환상은 성도들이 유리 바다를 지나서 하나님의 보좌 앞으로 나아갈 수 있는 유일한 방법이 무엇인지 가르쳐준다. 그것은 오직 하나님의 은혜로 가능하다는 것을 보여주고 있다.

16. 아마겟돈 :: 요한계시록 16장

고등학교 3학년 때의 일이다. 나는 TV로 제3차 세계대전을 다룬 영화를 봤다. 핵전쟁으로 지구 전체가 불바다가 되어 더 이상 살 수 없는 곳이 되었다. 물론 가상의 시나리오를 바탕으로 제작된 영화였지만 너무 실감이 났다. 나는 영화를 보면서 한편으로는 두렵고, 한편으로는 하나님이 원망스러웠다. 영화가 끝난 후, 목사님을 만나기 위해 교회로 갔다. 나는 화난 목소리로 목사님께 이렇게 물었다. "목사님, 하나님은 핵폭탄을 만들 수 있는 우라늄을 왜 지구에 두셨습니까? 결국 전쟁으로 서로 싸우다가 죽게 하려고 만드신 겁니까?" 나의 당돌한 질문에 목사님은 그것은 하나님의 잘못이 아닌 인간들의 잘못이라고 말씀하셨다. 화가 난 상태여서 목사님의 말씀은 내 머릿속에 들어오지 않았다. 그 후, 교회에서 목사님은 요한계시록 강해를 하셨다. 요한계시록 16장의 아마겟돈 전쟁은 최후의 전쟁인 제3차 세계대전이라고 말씀하셨다. 그런데 성도들은 환난 전에 공중으로 휴거되기 때문에 안심하고 열심히 신앙생활을 하라고 권면하셨다. 그래서 나는 무서운 제3차 세계대전이 일어나기 전 꼭 공중으로 휴거될 수 있도록 도와달라고 기도했다. 그 시절 나에게 아마겟돈은 제3차 세계대전, 핵전쟁 그 자체였다.

'재림교회', '재림운동'과 깊은 관련이 있는 단체가 있다. 실제로 이 단체는 1844년 10월 22일에 예수님의 재림이 있을 것을 예언했다. 이 단체가 바로 재림교회를 주창하는 안식교이다. 재림을 남다르게 강조하는 세칭 안식교는 요한계시록의 아마겟돈을 인류 최후의 전쟁이라고 말한다.

> *"아마겟돈은 히브리말로 할마겟돈(므깃도산)의 헬라음 역에서 온 말인 바 갈멜산에서 멀지 않은 산이며 이스라엘의 사사시대와 열왕 때 자주 전쟁이 있어 이 전쟁으로 이름이 불리던 곳이다. 지상역사의 마지막 하나님의 큰 날에 있을 전쟁을 말함이니 이 전쟁을 아마겟돈 전쟁이라 한다. 이때 사단으로 좇아 나온 세 악령은 온 천하의 왕들을 충동하여 큰 전쟁터로 모은다. 이 전쟁은 전 국가들이 관련되며 말할 수 없는 유혈극(流血劇)이 일어난다. 이 전쟁의 마지막은 그리스도와 하늘 군대들의 간섭으로 끝장날 터인 바 이 전쟁의 준비는 여섯째 재앙 밑에서 준비되고 일곱째 재앙 밑에서 폭발되는 전무후무한 대 전쟁이다."* [47]

안식교는 인류 최후의 전쟁이 지금의 팔레스타인 땅 아마겟돈에서 일어날 것이라고 믿고 있다. 이와 유사한 주장을 하는 단체가 또 있다. 여호와의 증인이다. 이들은 1889년부터 1968년까지 12번 세계 종말을 예언했다. 그러나 그들의 거짓 예언은 모두 불발로 끝났다.[48] 또 1975년 10월 초에 아마겟돈 전쟁이 일어나서 지구가 멸망할 것이라고 말했지만 이 또한 일어나지 않았다. 안식교와 여호와의 증인은 요한계시록의 아마겟돈 전쟁을 문자 그대로 믿고 있다. 그래서 그들은

47) 전정권,「요한계시록 연구(Ⅱ)」(서울: 시조사, 1997), 48-49.
48) 서춘웅,「교회와 이단」, 287.

아마겟돈 전쟁이 실제로 일어날 것이라고 생각한다. 언제나 그렇듯이 요한계시록을 문자적으로 해석하는 사람들이 있으면 그와는 반대로 영적인 해석을 하는 사람들도 있다. 소위 영적인 해석을 하는 사람들은 요한계시록의 아마겟돈을 비유라고 주장한다. 그 대표적인 단체가 JMS와 신천지다. 세칭 JMS는 아마겟돈 전쟁을 어떻게 해석할까? 이들은 요한계시록의 아마겟돈 전쟁을 문자적으로 풀어서는 해답을 얻지 못한다고 말한다.

"오늘날 아마겟돈 전쟁을 중동전 혹은 3차 세계대전으로 풀기도 하는데 이 문제 역시 성경을 문자 그대로 풀어서 생긴 잘못이다. 아마겟돈 전쟁은 영적인 전쟁으로 종교적인 전쟁, 진리의 전쟁, 사상의 전쟁을 말한다. 여기서 용은 사탄을 말하며 짐승은 인(人)사탄을 말하며 짐승의 입은 인본주의 사상 곧 사람 중심의 생각을 가지고 악평하고 원망한다는 것이다. 선지자는 믿는 자 중에서 무엇인가 안다고 하는 지도자들을 말한다. 고로, 선지자의 입이란 믿는 자 중에서는 선지자 같이 생각하면서 나간다는 것이다. 개구리 영이란 입만 가지고 사는 것이다. 즉 사탄의 주관을 받고 말의 전쟁을 시작한다는 것이다. 그러므로 사탄의 주관을 받고 안 믿는 사람들이 인본주의에 의하여 인성적인 주관으로 판단한다는 것이다. 역사적으로 예수님 시대 때 나름대로 이런 상황이 일어났다. 지금 이 시대는 제2의 이스라엘 민족을 중심으로 인본주의와 신본주의, 카인과 아벨, 비진리 대 진리의 정신적,

사상적 주관권의 전쟁을 치르고 있다." [49)]

JMS 총재 정명석은 아마겟돈 전쟁을 서로 다른 종교와 사상의 전쟁으로 해석했다. 세칭 신천지도 아마겟돈 전쟁을 비유로 푼다. 신천지는 아마겟돈을 하나님의 나라와 사단의 나라가 싸우는 영적 전쟁터를 비유한 것으로 해석한다. 총회장 이만희는 요한계시록 16장 본문을 이렇게 설명했다.

"*본문은 개구리 같은 더러운 귀신의 영이 용과 짐승과 거짓 선지자의 입에서 나와 하나님과 전쟁을 하기 위해 아마겟돈이라 하는 곳으로 천하 임금들을 모은다고 한다. 이것은 용과 짐승과 거짓 선지자의 마음이 귀신의 집이기 때문에 귀신의 영이 비진리를 통해 그들의 입에서 나온다는 말씀이요, 육적 이스라엘 나라의 전쟁터를 빙자한 아마겟돈이라는 곳에 하나님의 사자들과 싸우기 위해 왕들 곧 목자들을 모은다는 말씀이다.*" [50)]

신천지는 정통교회를 바벨론 교회라고 부른다. 그들이 말하는 아마겟돈 전쟁은 자신들과 바벨론 교회인 정통교회 사이에 벌어지는 교리 다툼을 의미하는 것이다. 신도들에게 아마겟돈 전쟁은 영적 전쟁으로써 신천지 교리가 정통교회 교리를 무찌르고, 이긴 자 이만희와 신천지 열두 지파가 세운 신천지 증거장막성전이 승리하게 될 것이라고

---

49) 세계청년대학생MS연맹, 「초급편」, 224.
50) 이만희, 「천국비밀계시」, 291.

가르치고 있다. 그렇다면 정통교회에서 말하는 요한계시록 16장의 아마겟돈에 대한 올바른 해석은 무엇일까?

> *"또 여섯째 천사가 그 대접을 큰 강 유브라데에 쏟으매 강물이 말라서 동방에서 오는 왕들의 길이 예비되었더라 또 내가 보매 개구리 같은 세 더러운 영이 용의 입과 짐승의 입과 거짓 선지자의 입에서 나오니 그들은 귀신의 영이라 이적을 행하여 온 천하 왕들에게 가서 하나님 곧 전능하신 이의 큰 날에 있을 전쟁을 위하여 그들을 모으더라 보라 내가 도둑 같이 오리니 누구든지 깨어 자기 옷을 지켜 벌거벗고 다니지 아니하며 자기의 부끄러움을 보이지 아니하는 자는 복이 있도다 세 영이 히브리어로 아마겟돈이라 하는 곳으로 왕들을 모으더라"(계 16:10-16)*

요한계시록의 아마겟돈은 땅의 이름 즉 지명(地名)이다. 아마겟돈은 히브리어로 므깃도의 산을 뜻한다. 므깃도는 예루살렘 북쪽에 있는데, 도보로 약 이틀 정도 소요된다. 이곳은 평야 지대에 위치하고 있다. 그러나 언덕 위에 요새를 세웠기 때문에 산이라고 불렀다. 므깃도는 전략적 요충지로써 고대에 중요한 전투가 벌어졌던 곳이다. 그래서 이스라엘 사람들에게 므깃도라고 하면 치열한 전쟁의 대명사로 인식되었다.

이해를 돕기 위해 쉬운 예를 든다면 이것이 적절할 것 같다. 6.25사변이 거의 끝나갈 무렵 치열하게 전투가 벌어졌던 곳이 있었다. 일명 백마고지 전투이다. 6.25 전쟁이 끝나갈 무렵 대한민국 국군 제9보병

사단과 중공군 38군 소속 3개 사단이 치열한 전투를 벌였다. 우리 국군은 중공군과 열흘 동안 치열하게 싸웠다. 그래서 지금도 사람들은 백마고지라고 하면 가장 치열한 전투를 떠올린다. 이와 같이 이스라엘의 므깃도와 한국의 백마고지는 치열한 전쟁의 대명사가 되었다.

하나님은 천사를 통해 요한에게 므깃도산 즉 아마겟돈 전쟁의 환상을 보여주셨다. 이것을 제3차 세계대전과 핵전쟁과 같은 실제 전쟁으로 이해하는 것은 바람직하지 않다. 요한계시록 16장을 읽어보면 용, 짐승, 거짓 선지자가 등장한다. 이들의 목적은 하나님의 백성들을 미혹하고, 핍박하여 예수 그리스도를 믿는 신앙을 포기하게 만드는 것이다.

특별히 사도 요한과 함께 신앙생활을 했던 소아시아 일곱 교회 성도들은 로마제국으로부터 핍박을 당했다. 믿음을 지킨다는 것이 어떤 의미인지 그리스도인들은 잘 알고 있었다. 그러나 이 믿음의 선한 싸움이 언제 끝날지 모르고, 예수님의 재림에 대한 소망도 점점 희미해져 가고 있었다. 그때 하나님은 요한에게 환상을 통해 말씀하셨다. 이 말씀이 요한계시록이다. 요한계시록 16장의 아마겟돈 전쟁은 믿음을 지키기 위해 치열하게 믿음의 선한 싸움을 싸우는 성도들과 신앙을 무너뜨리려는 악의 세력과의 영적 전쟁을 의미한다. 아마겟돈 전쟁은 믿음에 관한 말씀이지, 세계대전과 핵전쟁에 관한 말씀이 아니다. 요한계시록 16장 15절을 보면 세계대전과는 상관이 없다는 것을 확실히 알 수 있다. "보라 내가 도둑 같이 오리니 누구든지 깨어 자기 옷을 지켜 벌거벗고 다니지 아니하며 자기의 부끄러움을 보이지 아니하는 자는 복이 있도다" 이 말씀은 악의 세력을 대항하여 믿음을 지키고 승리하려는 성도들에게 주신 권면이다.

그렇다면 우리는 아마겟돈 전쟁을 어떻게 이해해야 할까? 마지막 때를 살아가며 예수님의 다시 오심을 소망하는 성도들에게 남아있는 싸움이 있다. 우리는 이것을 믿음의 선한 싸움이라고 부른다. 그런데 예수님께서 재림하실 시간이 점점 다가올수록 마귀와 대적자들의 미혹과 핍박은 점점 강해질 것이다. 그러나 이들의 발악은 반드시 최후를 맞게 될 것이고, 오히려 믿음의 형제, 자매들은 하나님의 도우심으로 승리하여 새 하늘과 새 땅을 얻게 될 것이다. 이런 관점으로 요한계시록 16장을 볼 때, 아마겟돈 전쟁은 최후의 심판을 향해 가는 과정에 있는 필수 코스로써, 고난 중에 있는 성도들이 어떤 마음과 자세로 끝까지 믿음을 지켜야 할지 깨닫게 하는 말씀이다.

17. 바벨론 :: 요한계시록 17장

세칭 신천지는 비유와 요한계시록의 비밀을 알아야 구원받는다고 말한다. 그래서 신천지에서 성경공부 하는 사람들을 만나서 상담할 때면 몇 가지 질문을 한다. "씨 뿌리는 비유 잘 알죠? 그러면 길가, 돌밭, 가시떨기, 좋은 땅에 씨가 몇 개 뿌려졌나요?" 이 질문을 들은 신천지 사람은 황당하다는 표정과 함께 난처해한다. 대부분 머리를 갸우뚱하다가 결국 잘 모르겠다고 말한다. 그러면 나는 신천지 방식으로 신천지 사람에게 말한다. "성경의 비유를 잘 알아야 구원받는다고 하는데, 이런 것도 잘 모르세요? 이 정도는 정말 기본상식인데. 이 정도는 우리 교회 주일학생들도 다 알아요. 저는 신천지 비유 공부가 매우 깊은 줄 알았는데 참 실망스럽네요. 신천지는 비유를 잘 알아야 구원받는다고 하는데 이런 지식수준으로 구원받을 수 있을까요? 그러면 이번에는 요한계시록에 나오는 내용으로 질문할게요. 혹시 바벨론이 무슨 뜻인지 아세요? 신천지는 요한계시록 공부를 많이 하니까 바벨론이라는 이름의 뜻이 무엇인지 잘 아시겠죠?" 나의 이 질문에 답을 한 신천지 사람은 지금까지 만나지 못했다.

신천지는 요한계시록의 바벨론을 정통교회와는 다른 해석을 하고 있다. 신천지 교리비교 동영상을 보면 그들이 말하는 바벨론이 무엇인지 쉽게 파악할 수 있다. 신천지는 요한계시록의 바벨론을 정통교회라고 해석한다. 그래서 정통교회는 진리와 구원이 없는 바벨론 교회이고, 정통교회 목회자들은 모두 거짓 목자라고 말한다. 반면, 오직 신천지만이 구원이 성취되는 시온산이고, 인 맞은 십사만 사천이 이루어지는 곳이라고 주장한다.

세칭 여호와의 증인은 바벨론을 로마 가톨릭과 개신교라고 말한다. 여호와의 증인 파수대 협회 제2대 회장이었던 루더포드는 1917년에 「바벨론의 멸망」이라는 책을 출판했다. 그런데 그는 책에서 로마 가톨릭과 개신교를 바벨론이라고 말했다.[51] 세칭 하나님의 교회도 바벨론을 로마 가톨릭과 정통교회라고 주장한다. 로마 가톨릭은 하나님이 주신 십계명을 제멋대로 바꾸고, 로마의 태양신을 섬기는 일요일에 예배를 드리기 때문에 바벨론이 된다고 말한다. 또 우리 정통교회를 향해서도 주일 예배를 드리고, 교회 상징인 십자가를 세우기 때문에 우상숭배를 한다고 주장한다. 이런 이유를 근거로 자신들만이 진리를 따르는 진리교회라고 믿고 있다. 그렇다면 여호와의 증인, 하나님의 교회, 신천지의 바벨론에 대한 해석은 옳은 것일까? 아니면 틀린 것일까? 결론부터 말하면 이들의 주장은 모두 틀린 해석이다.

요한계시록을 보면 큰 성 바벨론이 나오는데 총 여섯 번 기록되어 있다.

> *"또 다른 천사 곧 둘째가 그 뒤를 따라 말하되 무너졌도다 무너졌도다 큰 성 바벨론이여 모든 나라에게 그의 음행으로 말미암아 진노의 포도주를 먹이던 자로다 하더라"(계 14:8)*

51) 서춘웅, 「교회와 이단」, 270.

"큰 성이 세 갈래로 갈라지고 만국의 성들도 무너지니 큰 성 바벨론이 하나님 앞에 기억하신 바 되어 그의 맹렬한 진노의 포도주 잔을 받으매"(계 16:19)

"그의 이마에 이름이 기록되었으니 비밀이라, 큰 바벨론이라, 땅의 음녀들과 가증한 것들의 어미라 하였더라"(계 17:5)

"힘찬 음성으로 외쳐 이르되 무너졌도다 무너졌도다 큰 성 바벨론이여 귀신의 처소와 각종 더러운 영이 모이는 곳과 각종 더럽고 가증한 새들이 모이는 곳이 되었도다"(계 18:2)

"그의 고통을 무서워하여 멀리서서 이르되 화 있도다 화 있도다 큰 성, 견고한 성 바벨론이여 한 시간에 네 심판이 이르렀다 하리로다"(계 18:10)

"이에 한 힘 센 천사가 큰 맷돌 같은 돌을 들어 바다에 던져 이르되 큰 성 바벨론이 이같이 비참하게 던져져 결코 다시 보이지 아니하리로다"(계 18:21)

요한계시록의 바벨론을 이해하기 위해서는 먼저 구약성경에 나오는 바벨론을 살펴봐야 한다. 바벨론은 구약성경에 나오는 초강대국이다. 그렇다면 바벨론이라는 이름의 뜻은 무엇일까? 바벨론이라는 이름은 '양모(羊毛)의 땅'이다. 이름에서 알 수 있듯이 B.C. 4,000년 전에 바벨론에는 많은 양들이 있었고, 바벨론 사람들은 양털로 된 모직의류를 만들어 입었다.[52] 사실 바벨론이라는 이름은 나쁜 뜻이 아니다. 그런데 신구약 성경에 나오는 바벨론은 부정적인 존재로 기록되어있다. 지금의 이라크에 해당하는 바벨론은 그 옛날 남 유다를 침략했다. 침략자 바벨론은 남 유다를 황폐하게 만들었을 뿐 아니라 하나님께 큰 죄악을 저질렀다. 그들은 하나님의 성전, 예루살렘 성전을 파괴하고 성전 기물을 바벨론으로 옮겨갔다.

"바벨론 왕 느부갓네살의 열아홉째 해 오월 칠일에 바벨론 왕의 신복 시위대장 느부사라단이 예루살렘에 이르러 여호와의 성전과 왕궁을 불사르고 예루살렘의 모든 집을 귀인의 집까지 불살랐으며"(왕하 25:8-9)

"또 솔로몬이 여호와의 성전을 위하여 만든 두 기둥과 한 바다와 받침들을 가져갔는데 이 모든 기구의 놋 무게를 헤아릴 수 없었으니"(왕하 25:16)

한번은 바벨론에 큰 잔치가 있었다. 왕과 귀족들이 한 자리에 모여서 축배를 들었다. 그런데 이 축배의 잔치로 인해 하나님의 진노를 받게 되었다.

52) Kevin Leman and William Pentak, 「양치기리더십」, 김승욱 역 (서울: 김영사, 2009), 85.

"벨사살이 술을 마실 때에 명하여 그의 부친 느부갓네살이 예루살렘 성전에서 탈취하여 온 금, 은 그릇을 가져오라고 명하였으니 이는 왕과 귀족들과 왕후들과 후궁들이 다 그것으로 마시려 함이었더라 이에 예루살렘 하나님의 전 성소 중에서 탈취하여 온 금 그릇을 가져오매 왕이 그 귀족들과 왕후들과 후궁들과 더불어 그것으로 마시더라 그들이 술을 마시고는 그 금, 은, 구리, 쇠, 나무, 돌로 만든 신들을 찬양하니라"(단 5:2-3)

구약성경의 바벨론은 하나님의 이름을 망령되게 하고, 하나님의 백성 이스라엘에게 고난과 핍박을 가져다 준 나라였다. 그래서 바벨론은 하나님과 하나님의 백성을 대적하는 나라와 사람들을 상징하는 말로 사용되었다. 그런데 바벨론이 신약성경에도 나온다. 어디에 나올까? 물론 요한계시록에 나오기는 하는데, 요한계시록보다 먼저 바벨론에 대해 언급한 성경이 있다.

"택하심을 함께 받은 바벨론에 있는 교회가 너희에게 문안하고 내 아들 마가도 그리하느니라"(벧전 5:13)

예수님의 수제자 베드로는 로마 교회에서 목회를 했다. 그는 다른 지역에 있는 교회 성도들에게 편지를 썼다. 이 편지가 베드로전서다.

"예수 그리스도의 사도 베드로는 본도, 갈라디아, 갑바도기아, 아시아와 비두니아에 흩어진 나그네 곧 하나님 아버지의 미리 아심을 따

라 성령이 거룩하게 하심으로 순종함과 예수 그리스도의 피 뿌림을 얻기 위하여 택하심을 받은 자들에게 편지하노니 은혜와 평강이 너희에게 더욱 많을지어다"(벧전 1:1-2)

베드로는 여러 지역에 있는 교회들에게 편지를 쓰면서, 로마 교회 성도들도 함께 문안인사를 한다고 썼다. 그런데 로마 교회라고 하지 않고, 특이한 용어를 썼다. 바벨론에 있는 교회라고 기록한 것이다. 그렇다면 왜 베드로는 로마를 바벨론이라고 말한 것일까? 당시 로마 황제는 네로였다. 네로 황제는 수많은 그리스도인을 핍박했다.[53] 마치 그 옛날 바벨론의 왕들이 하나님의 이름을 욕되게 하고, 하나님의 백성들을 핍박한 것 같이 로마제국도 똑같이 핍박했다. 이런 로마제국의 핍박을 견뎌내야 했던 그리스도인들은 로마 역시 구약성경의 바벨론처럼 하나님의 심판을 받게 될 것이고, 그로 인해 역사 속에서 완전히 소멸될 것이라고 생각했다.[54] 그래서 초대교회 성도들은 로마를 바벨론이라고 불렀다. 또 편지와 같은 글을 쓸 때 로마라고 쓰지 않고, 바벨론이라고 표기했다. 이것은 로마시대 초대교회 성도들 안에서 통하는 일종의 암호였던 것이다.[55]

요한계시록을 기록한 사도 요한도 베드로와 똑같은 생각을 했다. 예

---

53) Roger M. Raymer, et al., 「베드로전·후서, 요한일·이·삼서, 유다서」, 「BKC 강해주석」, 양용의 역 (서울: 도서출판 두란노, 1996), 69.

54) John H. Walton, et al., 「IVP 성경배경주석」, 정옥배 외 7인 역 (서울: 한국기독학생회출판부, 2008), 2039.

55) David E. Aune, 「요한계시록(하)」, 「WBC 성경주석」 (서울: 도서출판 솔로몬, 2013), 156.

수님의 계시를 받은 요한은 소아시아 일곱 교회 성도들에게 편지를 썼다. 소아시아 일곱 교회 성도들도 제2의 네로 황제로 지칭되는 도미티안 황제로부터 황제숭배 예배를 강요당하고, 신앙의 절개를 지킨 사람들은 극심한 핍박을 당했다. 이런 상황을 알고 계시는 예수님은 사도 요한을 통해 말씀하셨다. 그리고 요한계시록 18장에 큰 성 바벨론이 무너지는 환상을 보여주셨다. 그렇다. 요한계시록의 바벨론은 초강대국 로마를 의미하는 것이었다. 그런데 지금도 하나님과 하나님의 백성인 교회를 국가의 권력을 이용해서 우상숭배를 강요하고, 핍박하는 나라들이 있다. 그런 모든 나라들은 구약시대의 바벨론과 신약시대의 로마제국이 걸었던 길을 따르는 것과 같다.

18. 음행의 진노의 포도주 :: 요한계시록 18장

세칭 하나님의 교회는 요한계시록의 "음행의 진노의 포도주"를 어떻게 해석할까? 이들은 "음행의 진노의 포도주"를 '거짓 교리'라고 말한다. 어떤 교리가 거짓되었다는 것일까? 대표적인 것이 십자가이다. 그래서 하나님의 교회는 기독교를 상징하는 십자가를 우상숭배로 정죄하고 있다. 또 그들은 성탄절, 크리스마스를 지키는 것이 "음행의 진노의 포도주"를 마시는 것이라고 주장한다. 그들은 성탄절이 로마 태양신교에서 유래되었다고 말한다. 세칭 안식교는 "음행의 진노의 포도주"를 다음과 같이 설명했다.

"바벨론이 세상에게 마시게 하는 이 술의 잔은 그 교회가 이교(異教)의 교리를 받아들이는 동시에 세상의 대인물(大人物)과 불의의 연합의 결과로 받아들이게 된 거짓 교리를 대표한 것이다. 세상과 벗이 되므로 그 교회의 신앙을 부패하게 하고 따라서 그 교회는 성경의 명백한 진리와 반대되는 교리를 가르침으로 세상에 부패된 감화를 주는 것이다. 그 교리의 영향력은 만국 즉 온 세계 또는 국가의 권력자 상고 즉 경제계까지 광범위하게 미침을 말한다." [56)]

안식교 역시 "음행의 진노의 포도주"를 거짓 교리라고 해석했다. 안

---

56) 전정권, 「요한계시록연구(Ⅱ)」, 61.

식교에서 말하는 바벨론은 정통교회를 지칭한다. 정통교회에서 잘못된 거짓 교리를 배우는 사람들은 “음행의 진노의 포도주”를 마시는 것으로 말한다. 그렇다면 그들이 말하는 “음행의 진노의 포도주”는 무엇일까? 정통교회는 예수님의 부활을 기념하는 주일 성수와 사람이 죽은 후에도 영혼은 없어지지 않는다는 ‘영혼불멸설’을 가르친다. 그런데 안식교는 주일 성수하는 것은 로마의 태양신을 숭배하던 일요일에 예배를 드리기 때문에 우상숭배라고 말한다. 또 그들은 사람이 죽으면 영혼이 잠을 잔다는 ‘영혼수면설’을 주장한다. 자신들의 주장과 다른 주장을 정통교회가 하기 때문에 거짓 교리 즉 음행의 진노의 포도주를 먹이는 바벨론이라고 비판하는 것이다.

세칭 신천지는 “음행의 진노의 포도주”를 어떻게 말할까? 그들은 이것 역시 비유이고 감추어진 비밀이라고 주장한다. 신천지 교리비교 동영상을 보면 사단의 교리, 주석을 “음행의 진노의 포도주”라고 정의하는 것을 볼 수 있다. 신천지 총회장 이만희는 다음과 같이 말했다.

> *“이 바벨론이 각종 더러운 영과 새가 모이는 곳이 되었다는 말은 음녀와 짐승의 조직이 귀신의 처소라는 것을 알리는 말씀이다. 이들의 조직 즉 귀신의 처소에서 나는 포도주가 음행의 포도주(주석, 비진리)요, 이 포도주로 만국이 무너졌다고 한 말은 음녀의 주석이 세상에서 왕 노릇 한다는 말이다.”* [57]

57) 이만희, 「천국비밀계시」, 319.

신천지는 포도나무가 곧 생명나무이며, 생명나무는 하나님의 말씀을 전하는 목자라고 설명한다. 포도주는 포도나무에서 나오기 때문에 하나님의 목자가 전하는 말씀을 비유한 것이라고 풀이한다. 포도주는 말씀 곧 교리를 비유한 것이라고 말한다. 그런데 그들은 성경을 보면 참 포도나무와 들 포도나무가 나오는데, 참 포도나무는 하나님의 참 목자이고, 들 포도나무는 사단의 거짓 목자로서 들 포도주인 비진리를 생산하게 된다고 주장한다. 이렇게 바벨론이라고 비난하는 정통교회 목회자들을 향해 참 진리를 전하지 못하고, 음행의 진노의 포도주인 사단의 교리와 주석 해설만 성도들에게 먹이고 있다고 비판한다. 이들은 더 나아가 사단의 교리와 주석이 성도들을 죽이는 선악과라고 주장한다. 신천지가 말하는 참 포도나무는 신천지 총회장 이만희이며, 신도들은 그를 요한계시록 전장을 보고 들은 약속의 목자, 이긴 자로 추앙하고 있다. 우리는 위에서 언급한 기독교 이단 하나님의 교회, 안식교 그리고 신천지가 요한계시록 18장의 "음행의 진노의 포도주"를 공통되게 거짓 교리라고 주장하는 것을 발견할 수 있다. 그렇다면 "음행의 진노의 포도주"에 대한 정통교회의 바른 해석은 무엇일까?

"그 음행의 진노의 포도주로 말미암아 만국이 무너졌으며 또 땅의 왕들이 그와 더불어 음행하였으며 땅의 상인들도 그 사치의 세력으로 치부하였도다 하더라"(계 18:3)

"또 다른 천사 곧 둘째가 그 뒤를 따라 말하되 무너졌도다 무너졌도다 큰 성 바벨론이여 모든 나라에게 그의 음행으로 말미암아 진노의

포도주를 먹이던 자로다 하더라"(계 14:8)

요한계시록 18장의 "음행의 진노의 포도주"는 '음행으로 말미암아 받게 되는 진노의 포도주'라는 뜻이다. 음행은 우상숭배를 말한다. 음행은 구약성경에서 하나님에 대한 반역 즉 우상숭배를 뜻하는 것이었다.

"그들이 먹어도 배부르지 아니하며 음행하여도 수효가 늘지 못하니 이는 여호와를 버리고 따르지 아니하였음이니라"(호 4:10)

"그런데 이스라엘 족속아 마치 아내가 그의 남편을 속이고 떠나감 같이 너희가 확실히 나를 속였느니라 여호와의 말씀이니라"(렘 3:20)

당시 황제숭배를 따르지 않았던 두 부류의 신앙인들이 있었다. 하나는 유대교인들이었고, 다른 하나는 그리스도인들이었다. 유대인들은 황제를 찾아가 황제숭배를 할 수는 없지만 황제와 로마제국의 평화와 번영을 위해 기도하겠다고 제안했다. 도미티안은 이 제안을 받아들였고, 유대인들은 황제숭배를 면제 받았다. 반면 그리스도인들은 황제와 어떠한 협상도 하지 않았다. 사도 요한과 소아시아 일곱 교회가 핍박을 받은 이유는 로마 황제숭배를 거부했기 때문이었다. 도미티안 황제는 로마제국 곳곳에 황제 신전을 세웠고, 그곳에서 자신을 예배하게 하였다. 황제숭배에 참석한 자들은 표를 받았고, 경제 활동을 할 수 있었다. 그러나 황제숭배에 참석하지 않는 자들은 핍박을 당했다. 그리스도인들은 황제숭배가 우상숭배라는 것을 잘 알고 있었기 때문에 참가하지 않았다. 당연히 그리스도인들에게 돌아온 것은 말로 다할 수 없는 핍박이었다. 하나님은 요한에게 환상을 보여주시면서 핍박자 도미티안 황제와 로마제국의 종말에 대해 말씀하셨다. 그리고 하나님의 심판을 "진노의 포도주"로 표현했다.

우리가 이스라엘 풍습을 이해하면 이 말씀은 쉽게 이해될 것이다. 성경시대에 이스라엘을 대표하는 주된 곡식은 밀이었고, 과일을 대표하는 것은 포도였다. 구약성경은 이스라엘 백성을 극상품 포도나무로 비유하기도 했다. 포도주는 무더위에 갈증을 해소해 주는 청량제였기 때문에 기쁨의 상징이었다. 이와는 반대로 포도즙 틀에 있는 포도를 밟는 모습은 하나님의 준엄한 심판의 상징으로 이해되었다. 포도즙을 다 짜고 나면 찌꺼기가 남는다. 농부는 남은 찌꺼기를 어떻게 처리했을까? 놀랍게도 포도를 밟고 남은 찌꺼기는 대접에 담았다. 대접이라고? 정말 찌꺼기를 대접에 담는다고? 그렇다. 대접에 포도주 찌꺼기를 담았다. 요한계시록에 진노의 포도주와 대접 심판이 함께 등장한 것은 우연이 아니다. 그런데 요한계시록에서 말씀하는 "진노의 포도주"는 한 가지 독특한 특징을 가지고 있다.

> *"그도 하나님의 진노의 포도주를 마시리니 그 진노의 잔에 섞인 것이 없이 부은 포도주라 거룩한 천사들 앞과 어린 양 앞에서 불과 유황으로 고난을 받으리니"(계 14:10)*

"진노의 포도주"는 '섞인 것이 없이 부은 포도주'이다. 쉽게 말하면 포도주 원액이라는 뜻이다. 고대에 헬라인들은 포도주를 마실 때 포도주에 물을 1:1 혹은 1:3으로 섞어 마셨고, 섞어 마시기 위해 '크라테르'라는 그릇을 사용했다. '크라테르'를 요즘 식으로 말하면 '믹서기'라고 할 수 있다.[58] 그런데 원액 그 자체이니까 얼마나 농도가 진하겠는가! 이것은 무엇을 말씀하는 것일까? 하나님의 백성들에게 우상숭배를 강요하고, 성도들을 핍박했던 도미티안 황제와 그의 하수인들 그리고 로마제국에 하나님의 불같은 심판이 임하게 될 것인데, 마치 물 타지 않은 포도주와 같이 매우 강력한 진노를 당하게 될 것을 은유적으로 표현한 것이다. 이처럼 지금도 하나님의 백성들을 힘으로 제압하고, 교회를 핍박하는 영적 바벨론은 하나님의 진노의 포도주를 받게 될 것이다.

기독교 이단들은 신구약 성경 여기저기에서 비슷한 말씀을 찾아 짝을 맞추는 식으로 말씀을 풀어간다. 어떻게 들으면 매우 성경적인 것 같지만 사실은 비상식적이고, 문맥을 고려하지 않는 억지스러운 성경 풀이에 지나지 않는다. 우리가 이단들의 미혹에 빠지지 않기 위해서는 성경을 문맥에 따라 읽는 습관을 훈련하고, 고대 이스라엘과 이스라엘 주변국의 문화와 풍습을 이해하면서 말씀을 읽어가도록 노력해야 한다.

---

58) David E. Aune, 「요한계시록(하)」, 「WBC 성경주석」, 204.

19. 청함을 받은 자들 : : 요한계시록 19장

필리핀 북부 한인선교사연합회 초청으로 바기오(Baguio city)에 갔다. 연합회 임원들은 최고급 만찬을 대접해 주었고, 나는 보답하는 마음을 담아 최선을 다해 강의하겠다고 말했다. 다음날 이른 아침부터 오후까지 이단예방세미나가 예정되어 있었다. 나는 선교사들이 지루해 하지 않도록 미리 몇 가지 도구를 준비했다. 내가 준비한 도구는 풀, 크레파스 그리고 A4 복사용지였다. 도구를 올려놓을 탁자를 강의실 중앙으로 옮겼다. 선교사들은 내가 무엇을 하는지 궁금해 하는 것 같았다. 나는 탁자 위에 강의에 필요한 준비물을 올려놓았다. 여자 선교사 중에 한 사람이 내게 말했다. "목사님, 풀, 크레파스, A4 복사용지는 왜 준비하셨어요? 혹시 오늘 강의할 때 사용하나요?" 나는 이렇게 대답했다. "정말 좋은 질문하셨습니다. 네. 오늘 이단과 요한계시록을 공부하려고 합니다. 특별히 요한계시록을 배울 때 풀, 크레파스, A4 복사용지가 꼭 필요합니다." 드디어 사전 준비를 끝내고 강의를 시작했다. 나는 선교사들에게 질문을 했다. "요한계시록 19장을 보면 어린 양의 혼인잔치가 나옵니다. 잘 아시죠? 그러면 이제 질문하겠습니다. 요한계시록 어린 양의 혼인잔치에 구원받은 하나님의 백성들은 어떤 자격으로 참석하게 될까요? 1번 신부, 2번 주례자, 3번 하객. 이제 여러분이 생각하는 정답을 탁자 위에 놓여있는 복사용지를 가지고 가서 크레파스로 답을 써주기 바랍니다." 선교사들은 자리에서 일어나 중앙으로 나왔다. 그리고 크레파스와 복사용지를 들고 자리로 돌아가서 답을 쓰기 시작했다. 나는 답을 종이에 모두 적었으면 "하나, 둘, 셋"을 외친 후, 머리 위로 정답을 올리라고 말했다. 결과는 내가 예상했던 대로였다. 모두 1번 신부라고 적었다. 나는 정답이라고 말하고 모두 잘했다고 칭찬해주었다. 잠시 후, 나는 선교사들에게 이렇게 말했다. "여러분 정말 잘하셨습니다. 그런데 여러분은 100점 만점 중 50점입니다." 이 말에 선교사들은 당황했고, 화기애애한 분위기는 온데간데없이 사라졌다. 그래서 나는 요한계시록 19장을 함께 읽어보자고 말했다.

이런 상황은 필리핀 한인선교사 세미나 때만 있었던 것은 아니다. 내가 그 동안 강의했던 교회, 신학교, 세미나 등에 참석한 사람들에게 나타나는 똑같은 반응이다. 대다수의 성도들은 구원받은 하나님의 백성들이 어린 양의 혼인잔치에 신부로서 참여하게 된다고 알고 있다. 물론 이 말은 틀린 말이 아니다. 그러나 부분적인 정답이다. 이제 요한계시록 19장 어린 양의 혼인잔치 말씀을 읽어보면 정확한 답을 얻게 될 것이다.

> *"우리가 즐거워하고 크게 기뻐하며 그에게 영광을 돌리세 어린 양의 혼인 기약이 이르렀고 그의 아내가 자신을 준비하였으므로 그에게 빛나고 깨끗한 세마포 옷을 입도록 허락하셨으니 이 세마포 옷은 성도들의 옳은 행실이로다 하더라"(계 19:7-8)*

마지막 날 구원받은 모든 성도들은 어린 양의 혼인잔치에 신부로서 참여하게 된다. 그러나 이것만이 전부가 아니다. 성경은 계속해서 이렇게 말씀하고 있다.

"천사가 내게 말하기를 기록하라 어린 양의 혼인잔치에 청함을 받은 자들은 복이 있도다 하고 또 내게 말하되 이것은 하나님의 참되신 말씀이라 하기로"(계 19:9)

본문을 읽어보면 어린 양의 신부를 말씀한 후, 어린 양의 혼인잔치에 청함을 받은 자들이 등장한다. 어린 양의 혼인잔치에 청함을 받은 자들은 누구를 말하는 것일까? 어린 양의 혼인잔치에 청함을 받은 자들은 구원받은 하나님의 백성들 즉 교회를 말하는 것이다. 이 내용이 우리에게는 그렇게 낯설지 않다. 그 이유는 예수님께서 공생애 기간 중 사람들에게 비유로 하신 말씀과 일맥상통하기 때문이다.

"예수께서 다시 비유로 대답하여 이르시되 천국은 마치 자기 아들을 위하여 혼인잔치를 베푼 어떤 임금과 같으니 그 종들을 보내어 그 청한 사람들을 혼인잔치에 오라 하였더니 오기를 싫어하거늘 다시 다른 종들을 보내며 이르되 청한 사람들에게 이르기를 내가 오찬을 준비하되 나의 소와 살진 짐승을 잡고 모든 것을 갖추었으니 혼인잔치에 오소서 하라 하였더니 그들이 돌아보지도 않고 한 사람은 자기 밭으로, 한 사람은 자기 사업하러 가고 그 남은 자들은 종들을 잡아 모욕하고 죽이니 임금이 노하여 군대를 보내어 그 살인한 자들을 진멸하고 그 동네를 불사르고 이에 종들에게 이르되 혼인잔치는 준비되었으나 청한 사람들은 합당하지 아니하니 네거리 길에 가서 사람을 만

나는 대로 혼인잔치에 청하여 오라 한 대 종들이 길에 나가 악한 자나 선한 자나 만나는 대로 모두 데려오니 혼인잔치에 손님들이 가득한지라 임금이 손님들을 보러 들어올새 거기서 예복을 입지 않은 한 사람을 보고 이르되 친구여 어찌하여 예복을 입지 않고 여기 들어왔느냐 하니 그가 아무 말도 못하거늘 임금이 사환들에게 말하되 그 손발을 묶어 바깥 어두운 데에 내던지라 거기서 슬피 울며 이를 갈게 되리라 하니라 청함을 받은 자는 많되 택함을 입은 자는 적으니라"(마 22:1-14)

요한계시록은 하나님의 택함을 받아 구원받은 백성들이 어린 양의 신부이면서 어린 양의 혼인잔치에 청함을 받은 사람들이라고 표현한 것이다. 어떻게 이것이 가능한 것일까? 현실에서는 혼인잔치의 신부이든 아니면 청함 받은 하객이든 둘 중에 하나만 가능한데, 이것이 말이 되는 것일까? 그렇다. 우리가 사는 현실에서는 불가능한 일이다. 그러나 요한계시록이기 때문에 가능하다. 그 이유는 요한계시록이 환상이기 때문이다. 현실에서 불가능한 것이 환상에서는 가능하다. 현실에서는 우리 몸이 하늘을 날 수 없지만, 꿈속에서는 얼마든지 새처럼 날아오를 수 있다. 그래서 이것이 요한계시록을 이해하는데 매우 중요한 포인트 중에 하나인 것이다. 그렇다면 어린 양의 신부가 의미하는 것은 무엇일까? 그것은 친밀함을 의미하는 것이다. 신부는 신랑과 가장 친밀한 관계를 맺는다. 마찬가지로 구원받은 하나님의 백성들 즉 교회는 예수 그리스도와 가장 친밀한 관계를 맺고 유지한다. 그러면 어린 양의 혼인잔치에 청함을 받았다는 것은 무엇을 뜻하는 것일까? 그것은 소중함을 의미한다. 혼인잔치에 청함을 받은 사람은 혼주와 각별한 관계인 사람이다. 요즘 표현으로 귀빈 즉 VIP(Very Important Person) 인 것이다. 모든 그리스도인들은 마지막 날에 하나님의 천국잔치에 귀빈으로 초청받는다는 것을 상징한다.

나는 1997년 대학을 졸업하고 캠퍼스 간사로 지원했다. 캠퍼스 복음화의 열정을 품고 고향을 떠나 낯선 땅 광주광역시에서 사역을 시작했다. 내가 처음으로 들어간 곳은 조선대학교였다. 개척자 정신을 가지고 열심히 사역을 한 결과, 일 년이 지난 후에 학교 동아리로 인정을 받게 되었다. 하루는 제자들이 동아리 방에 옹기종기 모여 기타를 치면서 찬양을 불렀다.

> *"당신은 사랑받기 위해 태어난 사람 당신의 삶 속에서 그 사랑 받고 있지요 당신은 사랑받기 위해 태어난 사람 당신의 삶속에서 그 사랑 받고 있지요 태초부터 시작된 하나님의 사랑은 우리의 만남을 통해 열매를 맺고 당신이 이 세상에 존재함으로 인해 우리에게 얼마나 큰 기쁨이 되는지 당신은 사랑받기 위해 태어난 사람 지금도 그 사랑 받고 있지요 당신은 사랑받기 위해 태어난 사람 지금도 그 사랑 받고 있지요"*

처음 듣는 찬양이어서 학생들에게 물어봤더니 새로 나온 찬양이라고 말했다. 잠시 후, 우리 옆 동아리 방에서 노랫소리와 박수 소리가 들려왔다. 그 단체는 '신앙과 문화'라는 이름을 사용했고, 조선대학교 모든 동아리 중에 회원 수가 가장 많은 단체였다. 이 '신앙과 문화'는 조선대학교 JMS였고, '신앙과 예술'은 전남대학교 JMS였다. '신앙과 문화' 학생 수십 명이 박수를 치면서 그들만의 찬양을 부르기 시작했다. "주님 사랑하는 내 주님 둘도 셋도 넷도 없는 내 주님 주님 없는 이 세상은 아무런 의미가 없어요" 그런데 너무나 이상했다. 노래는 대중가요인데, 가사는 신앙적이었다. 대부분의 JMS 찬양은 대중가요 가사를 개사해서 만들었다. 이들은 이런 노래를 '새 노래'(New song)라고 부른다. 대중가요를 개사해서 찬양처럼 부르는 JMS는 일명 '30개론'이라는 성경공부를 한다. 입문, 초급, 중급, 고급편 총 4단계 30개 주제를 공부한다. 그들은 왜 '30개론'을 공부하는 것일까? 그리고 어떤 목표를 이루려는 것일까? JMS 입문, 초급, 중급, 고급편 서문을 보면 그들이 무엇을 이루려고 하는가를 쉽게 발견할 수 있다.

> *"30개론을 공부하는 것은 선생님을 깨닫기 위함이다. 그러니 선생님만 알면 공부를 덜했어도 된다."*

JMS에서 말하는 선생님은 예수님이 아니다. '30개론' 성경공부를 통해 예수님을 배우고 깨닫는 것이 목표가 아니다. 그들이 깨닫고자 하는 것은 재림주로 추앙받는 JMS 총재 정명석을 깨닫기 위함이다. 그런데 JMS에서 자주 등장하는 단어가 있는데 '신부'라는 단어다. 약은 적당하게 사용하면 몸에 도움이 되지만, 약을 오용하고 남용하면 오히려 인체에 치명적인 독이 될 수 있다. 요한계시록 19장 어린 양의 혼인잔치의 말씀은 천국을 소망하는 성도들에게 격려와 위로가 되는 말씀이다. 그러나 우리 주변에 있는 이단들은 요한계시록 19장 말씀을 잘못 해석하고 적용하여 성도들의 믿음을 넘어지게 한다. 교주가 성범죄로 사회적 물의를 일으킨 JMS는 신부라는 단어를 오남용하는 대표적인 기독교 이단이다. 정통교회는 성경시대를 구약시대와 신약시대로 구분한다. 그러나 JMS는 구약시대, 신약시대 그리고 성약시대로 나눈다. 그리고 각 시대마다 구원의 급이 다르다고 주장한다. 구약시대는 종급 구원, 신약시대는 아들급 구원을 받는다고 가르친다. 그러면 그들이 주장하는 성약시대는 어떤 구원을 받는다는 것일까? JMS 총재 정명석은 지금이 성약시대이기 때문에 애인, 신부급 구원을 받아야 한다고 주장한다.

> *"시기 질투가 많은 종들의 입장을 가지고는 이 세상에 천국을 이룰 수가 없고 형제적 입장을 가지고서도 천국을 이룰 수가 없다. 주님은 구약의 종들과 종교적으로 형제 격인 그 시대 종교인들 때문에 가서는 안 될 고통의 길을 가고야 말았다. 이제 이 땅에서 주님을 기다리는 모든 자들은 서로를 종 이상, 형제 이상인 애인같이 대하지 않고서는 지상천국의 뜻을 이룰 수가 없을 것이다."* [59]

결국 이 주장은 신약시대 중심자인 예수님을 믿는다고 구원받을 수 없고, 지금은 성약시대이기 때문에 역사의 중심자인 재림주를 믿어야만 구원받을 수 있다고 말하는 것이다. 이런 터무니없는 주장에도 불구하고 수많은 청년들이 JMS 교리에 미혹되어 정통교회를 떠나는 사

59) 정명석, 「비유론」, 22.

례가 늘어나고 있다. 그러나 성경은 그 어디에도 JMS 주장 같은 종급, 아들급, 신부급 구원을 말하지 않는다. 성경은 언제나 구원에 대해 명확하게 말씀하고 있다.

> *"영접하는 자 곧 그 이름을 믿는 자들에게는 하나님의 자녀가 되는 권세를 주셨으니"(요 1:12)*

이단성이 농후한 신사도운동 역시 요한계시록 19장을 근거로 일명 '어린 양의 신부되기 운동'을 주장한다. 그렇다면 '어린 양의 신부되기 운동'이란 무엇일까? 요약하면 다음과 같다. 첫째, 어린 양은 예수 그리스도다. 둘째, 어린 양의 신부는 교회다. 셋째, 현재 대다수의 교회는 예수 그리스도의 가르침에서 벗어났다. 마치 신랑이 아닌 다른 남자와 바람난 신부와 같다. 넷째, 바람난 신부 같은 교회는 구원을 받지 못한다. 다섯째, 세속에 물들지 않은 순결한 어린 양의 신부 같은 교회가 있다. 여섯째, 신사도운동 '어린 양의 신부되기 운동'하는 교회만이 구원을 받을 수 있다. 일곱째, 바람난 신부 같은 교회에서는 구원을 받을 수 없다. 구원이 있는 순결한 어린 양의 신부인 신사도운동 교회로 옮겨와야 된다. 결국 이들이 주장하는 것은 신사도운동을 하는 자신들만이 어린 양의 신부가 될 수 있고, 구원받은 교회라는 것이다. 모든 이단들의 공통점은 '엘리트 의식'이다. 자기들만 구원받고, 자신들의 교회만이 참된 교회라고 주장한다. 그래서 이들은 하나님의 은혜로 얻는 구원보다는 신앙적 행위를 통한 의로움과 구원을 주장하는 경향이 많다. 그러나 성경은 구원이 하나님의 은혜로 주어지는 선물이라고 말씀한다.

> *"너희는 그 은혜에 의하여 믿음으로 말미암아 구원을 받았으니 이 것은 너희에게서 난 것이 아니요 하나님의 선물이라 행위에서 난 것 이 아니니 이는 누구든지 자랑하지 못하게 함이라"(엡 2:8-9)*

신사도운동의 영향을 받은 사람들이 요한계시록을 정확하게 공부했다면 교회가 어린 양의 신부이면서, 어린 양의 혼인잔치에 초청받은 손님이라는 것을 알았을 것이다. 균형을 상실하면 한쪽으로 기울어진다. 마찬가지로 성경을 균형 잡힌 안목으로 바라보고 연구해야 할 이유가 여기에 있는 것이다.

20. 첫째 부활 :: 요한계시록 20장

나는 기독교 이단들의 홈페이지를 가끔 열어본다. 하루는 JMS 홈페이지에 들어갔다. 마침 JMS 홍보 동영상이 있어서 클릭을 했다. 동영상을 보면서 JMS가 정통교회와 다른 주장을 하고 있다는 것을 알게 되었다. 그들이 말하는 '종말과 심판', '휴거', '부활'은 정통교회 가르침과는 거리가 멀었다. 그렇다면 JMS는 '종말과 심판', '부활'을 어떻게 말하고 있을까?

> *"종말과 심판은 있는가? 없습니다. 말세는 기성세대의 끝, 다음 시대로의 전환점을 비유한 것입니다. 부활은 일어나는가? 시체가 살아나는 부활은 없습니다. 정신과 영적인 부활입니다."* [60]

그들은 정통교회에서 말하는 몸의 부활을 믿지 않는다. 몸의 부활을 인정하지 않기 때문에 다수의 정통교회가 예배시간에 고백하는 사도신경을 틀렸다고 말한다. 물론 예배시간에 사도신경 고백 순서가 없는 교회들도 있다. 예배시간에 사도신경 고백을 안 한다고 해서 이단이라고 말하면 잘못된 것이다. 그러나 이단들은 사도신경의 내용이 틀렸다고 주장하기 때문에 그들의 집회시간에 사도신경 고백은 찾아볼 수 없다. JMS는 요한계시록 20장의 첫째 부활에 대해서도 정통교회와는

60) 기독교복음선교회 [온라인자료] , http://www.cgm.or.kr/, 2019년 6월 15일 접속.

다른 해석을 하고 있다.

"부활도 첫째 부활과 둘째 부활이 있다고 했다. 여기서 첫째 사망은 육신이 죽는 것이고 둘째 사망은 영혼이 죽는 것이다. 이 중 둘째 사망의 고통을 받지 않는 것이 부활이다. 둘째 사망을 가지고 얘기 하는 것이 기독교의 부활권이다. 고로, 첫째 부활은 육신의 행실을 고치는 육적 부활이요 둘째 부활은 영혼의 행실을 고치는 영적 부활이다. 또한 첫째 부활은 살아서 중생 부활이, 둘째 부활은 영으로 강림하는 재림 부활이다. 그리고 구약에 있는 자들이 예수님을 믿고 신약으로 거듭나는 것이 첫째 부활이요 신약에 있는 자들이 재림주를 믿고 다시 새로운 역사에 오는 것이 둘째 부활이다. 그런데 첫째 부활에 들어간 사람은 그것이 조건이 되어 둘째 부활에 참여할 수 있게 되므로 복이 있다는 것이다. 이러므로 더 좋은 부활을 받아야 된다는 것이다." [61]

JMS는 예수님을 믿는 자가 둘째 부활에 참여하는 것이 아니라, 예수의 영이 임한 재림주를 믿을 때 둘째 부활에 참여하게 된다고 주장한다. 그들이 말하는 재림주는 JMS 총재 정명석이다. 이들은 재림주 정명석을 믿을 때 구원을 받고, 부활을 한다고 주장한다.

이번에는 세칭 신천지의 해석을 살펴보도록 하겠다. 신천지는 요한계시록 20장의 첫째 부활을 어떻게 해석할까? 신천지 교리비교 동영상을 보면 첫째 부활을 어떻게 해석하는지 잘 알 수 있다. 그들은 예수

---

61) 세계청년대학생MS연맹, 「중급편」 (서울: 세계청년대학생MS연맹 기획실, n.d.), 71-72.

님의 부활은 육적인 부활이고, 죽은 영이 다시 사는 것을 영적인 부활이라고 주장한다. 그리고 첫째 부활이 하늘이 아닌 지상에서 이루어진다고 주장한다. 이 주장의 근거를 삼는 성경구절은 다음과 같다.

> *"그들이 새 노래를 불러 이르되 두루마리를 가지시고 그 인봉을 떼기에 합당하시도다 일찍이 죽임을 당하사 각 족속과 방언과 백성과 나라 가운데에서 사람들을 피로 사서 하나님께 드리시고 그들로 우리 하나님 앞에서 나라와 제사장들을 삼으셨으니 그들이 땅에서 왕 노릇 하리로다 하더라"(계 5:9-10)*

신천지는 "땅에서 왕 노릇 하리로다"라는 말씀에 근거해서 첫째 부활이 땅에서 이루어진다고 말한다. 그러나 요한계시록 5장에서 말하고 있는 땅은 요한계시록 21장의 "새 하늘과 새 땅" 즉 천국을 말하는 것이다. 요한계시록 5장을 읽어보면 보좌, 천사, 네 생물, 이십사 장로, 일곱 영과 같은 천상의 존재들이 등장한다. 이들은 모두 "새 하늘과 새 땅", 천국에 있는 존재들이다. 그래서 신천지의 주장은 잘못된 것이다.

그렇다면 신천지가 말하는 첫째 부활에 참여하는 자들은 누구일까? 첫째 부활에 참여하는 자는 두 부류인데 하나는 목 베임 당한 순교한 영혼들, 다른 하나는 인 맞은 12지파 십사만 사천이라고 말하고 있다. 도대체 신천지가 말하는 영적인 새 이스라엘, 인 맞은 12지파, 십사만 사천은 누구를 의미하는 것일까? 바로 신천지 총회장 이만희를 비롯한 신천지 신도들을 지칭하는 것이다. 결국 신천지 신도들은 자신들만이 첫째 부활에 참여한 사람들이라고 주장하는 것이다. 이제 첫째 부활에 대한 정통교회의 올바른 해석을 알아보도록 하겠다.

"또 내가 보좌들을 보니 거기에 앉은 자들이 있어 심판하는 권세를 받았더라 또 내가 보니 예수를 증언함과 하나님의 말씀 때문에 목 베임을 당한 자들의 영혼들과 또 짐승과 그의 우상에게 경배하지 아니하고 그들의 이마와 손에 그의 표를 받지 아니하고 그들의 이마와 손에 그의 표를 받지 아니한 자들이 살아서 그리스도와 더불어 천 년 동안 왕 노릇 하니 (그 나머지 죽은 자들은 그 천 년이 차기까지 살지 못하더라) 이는 첫째 부활이라 이 첫째 부활에 참여하는 자들은 복이 있고 거룩하도다 둘째 사망이 그들을 다스리는 권세가 없고 도리어 그들이 하나님과 그리스도의 제사장이 되어 천 년 동안 그리스도와 더불어 왕 노릇하리라"(계 20:4-6)

우선 첫째 부활은 누가 받는 것일까? 첫째 부활에 참여하는 자는 예수님을 증거하고, 하나님의 말씀을 굳게 지키다가 순교한 사람들과 우상숭배에 참여하지 않는다는 이유로 핍박을 당했던 사람들이다. 쉽게 말하면 순교자와 순교자적인 신앙을 지킨 사람들이 첫째 부활을 받는다. 그렇다면 어디에서 첫째 부활을 받는다는 말인가? 사도 요한은 심판하는 권세를 가진 자들이 앉는 보좌들을 봤다. 요한이 환상 중에 본 보좌들은 지상에 있는 것인가? 아니면 하늘에 있는 것인가? 보좌들은 하늘, 새 하늘과 새 땅, 천국에 있는 것이다. 위 내용을 정리하면 첫째 부활은 이 땅에서 믿음을 지킨 성도들이 천국에 들어가는 것을 의미한다. 천국에 간 성도들의 영혼은 새 하늘과 새 땅에, 육은 지상에서 흙으로 돌아간 상태에 있다. 이들의 영혼은 하나님께서 예비하신 천국에서 안식을 누리고 있다. 그리고 때가 무르익어 예수님이 이 세상에 재림하시는 날, 흙으로 돌아간 육체도 변화되어 둘째 부활에 참여하게 될 것이다. 우리 역시 마지막 날에 예수님과 같이 변화된 부활의 몸을 입게 된다.

> *"죽은 자의 부활도 그와 같으니 썩을 것으로 심고 썩지 아니할 것으로 다시 살아나며 욕된 것으로 심고 영광스러운 것으로 다시 살아나며 약한 것으로 심고 강한 것으로 다시 살아나며 육의 몸으로 심고 신령한 몸으로 다시 살아나나니 육의 몸이 있은즉 또 영의 몸도 있느니라"(고전 15:42-44)*

종합해보면 정통교회는 영과 몸의 부활을 믿지만, 이단들은 영의 부활을 강조한다. 그리고 자신들만이 첫째 부활에 참여한 자라고 주장하면서, 정통교회는 부활도 없고, 구원도 없는 영적 바벨론이라고 비난한다. 이런 식으로 영적인 것은 우월하고, 육적인 것은 열등한 것이라고 주장하는 이단을 영지주의라고 부른다. 지금도 우리 주변에 있는 기독교 영지주의 이단들이 성도들을 미혹하기 위해 접근한다. 그래서 우리는 요한계시록에서 말씀하는 기독교 핵심, 복음의 핵심을 배우고 익혀서 신앙의 무장을 단단하게 해야 한다.

21. 새 하늘과 새 땅 :: 요한계시록 21장

몇 해 전, 충북 진천에서 청소년 연합수련회 강사로 초청을 받았다. 강의를 시작하기 전 USB에 담겨 있는 영상과 PPT를 컴퓨터로 옮겨놓기 위해 방송실로 갔다. 방송실에는 교사로 참가한 여자 대학생이 앉아 있었다. 그 여학생은 내 강의에 필요한 영상과 PPT를 컴퓨터로 옮겨주었다. 무사히 사전작업이 모두 끝났다. 여학생은 내게 말을 걸었다. "목사님. 제가 교사로 따라왔어요. 사실 궁금한 것이 하나 있는데 질문해도 되나요?" 나는 무엇이 궁금하냐고 물어봤다. 그러자 여학생은 이렇게 질문했다. "주변에 이단이 참 많은 것 같아요. 그 중에 신천지라는 이단도 있잖아요. 교회에서도 신천지를 많이 이야기하는데, 신천지라는 뜻이 무엇인지 잘 모르겠어요. 신천지가 무슨 뜻인가요?" 나는 청소년부 교사인 여학생의 질문을 받고 당황했다. 그 이유는 신천지의 뜻을 모른다고 했기 때문이다. 나는 그 여학생에게 말했다. "그동안 신천지가 무슨 뜻인지 궁금했겠네요. 신천지는 한자로 새로운 신(新), 하늘 천(天), 땅 지(地)입니다. 그래서 이 한자를 쉽게 풀어보면 새 하늘과 새 땅입니다." 여학생은 신천지가 그런 뜻인지 처음 들어봤다고 내게 말했다. 순간적으로 이런 생각이 들었다. '이 정도는 교사라면 알아야 할 내용이 아닌가? 이 정도는 알고 있을 것이라고 방심하면 안 되겠구나. 앞으로 강의든 설교든 지금보다 더 쉽게 설명을 해야겠다.' 이런 생각을 마음속에 담고 교사와 학생들에게 강의를 했다.

이단들은 요한계시록 21장의 새 하늘과 새 땅을 중요하게 생각한다.

그렇다면 여러 이단들이 새 하늘과 새 땅을 어떻게 해석하는지 알아보겠다. 세칭 하나님의 교회는 새 하늘과 새 땅을 천국이라고 말한다. 이 해석만 보면 정통교회와 크게 다르지 않다. 그런데 누구를 통해서 천국에 가느냐는 큰 차이가 있다. 정통교회는 예수님을 믿음으로 구원받는다고 가르치지만, 하나님의 교회는 자칭 재림 예수라고도 하고, 재림 그리스도라고 하는 사람을 믿을 때 구원받는다고 주장한다. 그들이 말하는 재림 예수, 재림 그리스도는 안상홍이다.

세칭 JMS는 새 하늘과 새 땅을 어떻게 말하고 있을까? 한 가지 분명한 것은 정통교회의 주장과는 거리가 멀다는 것이다. 그들은 새 하늘과 새 땅은 새로운 역사라고 해석한다.

"오늘날 기독교는 말세를 지구가 멸망하고 헌집 천장에 도배지를 전부 찢고 다시금 새것을 붙이듯이 하늘로 걷어붙인다는 식으로 설명한다. 그래서 새 하늘과 새 땅을 우리가 사는 곳 말고 새로운 다른 세계, 공중 휴거해서 가는 4차원의 세계 같이 설명하는데 그것은 전혀 무관함, 설명 잘못하고 있음, 교정해야 됨이다. 새 하늘과 새 땅이란 무엇인가? 이것은 하늘나라의 그 세계를 이야기 한 것도 되지만 그보다 땅에 있는 새로운 역사를 이야기 한 것이다. 곧 새로운 역사가 새 하늘 새 땅이다. 모세 때는 모세가 나타났을 때의 새로운 역사, 예수님 시대는 예수님이 나타났을 때의 새로운 역사, 재림주 때는 재림주가 나타났을 때의 새로운 역사, 구시대에 있을 때의 역사와는 비교할 수 없는 새 시대의 이상세계를 '새 하늘 새 땅'으로 표현한 것이다. 그러므로 구약에서는 신약이, 신약에서는 성약이 새 하늘 새 땅이다. 재림

때 지구가 끝장나는 것이 아니라 재림주에 의한 새 진리의 시대, 새로운 가치관에 의한 복직된 이상 세계가 온다는 것이다. 문자 그대로 땅이 바뀐 것이 아니라 사람의 정신과 행실이 변화되고 하늘 자체가 변화된 것이 아니라 그 심령과 마음 자체가 바뀌어서 새롭게 거듭남으로 말미암아 새 것이 된 것이다." [62]

JMS는 신약시대에 살았던 이스라엘 사람들이 예수님을 믿어 아들급 구원을 받았다고 말한다. 그러나 지금은 재림주가 벌써 재림한 성약시대이기 때문에 재림주를 믿어야만 신부, 애인급 구원을 받을 수 있다고 주장한다.

이번에는 세칭 신천지에서 말하는 새 하늘과 새 땅이 어떤 의미인지 알아보도록 하겠다. 신천지 교리비교 "처음 하늘과 처음 땅, 새 하늘과 새 땅"편 동영상을 보면 그들이 주장하는 새 하늘과 새 땅이 무엇인지 알 수 있다. 그들이 말하는 처음 하늘과 처음 땅은 하나님의 장막과 그 장막에 소속된 선민인 선천세계라고 해석한다. 또 처음 하늘과 처음 땅은 세계 종말 후 하나님께서 새 목자를 택하시어 창조하시는 새 장막과 새 선민 곧 새 나라 새 민족인 후천세계라고 말한다. 평상시에 우리가 사용하지 않는 단어라서 무슨 뜻인지 쉽게 와 닿지 않을 것이다. 쉽게 풀어서 설명하면 다음과 같다. 신천지에서 말하는 하늘과 땅은 우리의 해석과는 다르다. 그들은 하늘을 진짜 하늘이 아니라 비유로써 육의 세계의 선민 장막이라고 말한다. 즉 땅에 있는 선택

---

62) 세계청년대학생MS연맹, 「초급편」, 194-195.

받은 교회라는 것이다. 또 땅 역시 하나님의 장막에 소속된 선민을 비유한 것이라고 주장한다. 즉 땅에 있는 선택받은 교회에 소속된 사람들을 의미한다.

그렇다면 신천지가 말하는 하늘은 어디이고, 땅은 누구를 지칭하는 것일까? 그들이 말하는 하늘은 '신천지 예수교 증거장막성전'인 신천지 교회이고, 땅은 신천지 교회에 소속된 사람들을 뜻한다. 그러면 그들은 누가 새 하늘과 새 땅을 재창조한다고 생각할까? 신천지는 하나님께서 새 하늘과 새 땅을 약속의 목자를 통해 재창조한다고 말한다. 신천지는 이만희 총회장이 그 약속의 목자로서 새 하늘과 새 땅을 재창조한다고 믿고 있다.

이런 신천지의 관점으로 처음 하늘과 처음 땅을 보면 부정적인 해석이 나오게 될 것이다. 그들이 말하는 처음 하늘과 처음 땅은 무엇을 비유한 것일까? 신천지에서는 처음 하늘은 정통교회이고, 처음 땅은 정통교회에 소속된 사람들이라고 해석한다. 처음에는 정통교회와 그에 속한 성도들이 영적 이스라엘이었는데, 사단과 마귀의 목자들에게 속아서 낡고 부패하게 되었다고 주장한다. 이런 이유 때문에 하나님께서 재림 때에 약속의 목자 한 사람을 선택하여 낡고 부패한 정통교회를 심판하고, 영적 새 이스라엘인 신천지 열두 지파를 재창조한다고 말한다.

이상으로 요한계시록 21장의 새 하늘과 새 땅에 대한 세 단체의 주장을 살펴봤다. 하나님의 교회는 새 하늘과 새 땅을 천국으로, JMS는 새로운 역사로, 신천지는 신천지 교회와 소속된 사람들이라고 주장한다. 그렇다면 누구의 주장이 옳은 것일까? 옳지 않다면 정통교회의 바른 해석은 무엇일까? 결론부터 말하면 새 하늘과 새 땅은 천국을 의미한다.

> *"또 내가 새 하늘과 새 땅을 보니 처음 하늘과 처음 땅이 없어졌고 바다도 다시 있지 않더라"(계 21:1)*

사도 요한은 예수님께서 열어 보여주신 새 하늘과 새 땅의 환상을 보았다. 그런데 바다가 보이지 않았다. 어떤 사람은 새 하늘과 새 땅이 우리가 살고 있는 지구가 새롭게 회복되고 갱신되는 것이라고 말한다. 그러나 본문이 새로운 창조라는 것을 알 수 있는 이유는 바다도 다시 있지 않다는 말씀에서 찾을 수 있다. 지구가 회복되고 갱신되어 새 하늘과 새 땅이 되었는데 바다가 없다는 것은 이치에 맞지 않는다.

그렇다면 요한이 본 환상 가운데 바다가 있지 않았다는 의미는 무엇일까? 성경에서 바다는 두려움을 상징한다. 특별히 광야 생활을 했던 이스라엘 사람들에게는 많은 물로 이루어진 바다는 큰 두려움의 상징이었다. 반면 성경에서 솟아나는 샘물, 이른 비와 늦은 비, 바위와 나무 잎사귀에 맺힌 새벽이슬, 흐르는 강물은 사람의 수고와는 상관없이 하나님께서 사람들에게 주시는 선물, 은혜의 상징으로 사용되었다. 그러나 약 150미터 이상을 파야만 물을 얻을 수 있었던 우물과 건기를 대비하기 위해 만든 웅덩이는 사람의 고통스러운 수고를 상징하는 단어였다. 지진과 같은 천재지변이라도 발생하면 물이 가득했던 우물물이 온데간데없이 사라졌다. 또 사람들은 열심히 땀 흘려 돌을 파고, 내벽을 석회로 마무리해서 웅덩이를 만들었다. 그런데 한 해에도 수백

번씩 일어나는 지진으로 벽이 터지는 사고가 발생했다. 그 많은 시간과 수고가 물거품이 되어버린 것이다. 이것을 성경은 '물 없는 구덩이와 터진 웅덩이'라고 말씀한다.

"요셉이 형들에게 이르매 그의 형들이 요셉의 옷 곧 그가 입은 채색 옷을 벗기고 그를 잡아 구덩이에 던지니 그 구덩이는 빈 것이라 그 속에 물이 없었더라"(창 37:23-24)

"내 백성이 두 가지 악을 해하였나니 곧 그들이 생수의 근원되는 나를 버린 것과 스스로 웅덩이를 판 것인데 그것은 그 물을 가두지 못할 터진 웅덩이들이니라"(렘 2:13)

사도 요한과 함께 예수님의 가르침을 받았던 사도 베드로도 새 하늘과 새 땅에 대해 글을 썼다. 그 역시도 하늘 소망을 품고 복음 전파와 목회를 했기 때문이다.

"그러나 주의 날이 도둑 같이 오리니 그 날에는 하늘이 큰 소리로 떠나가고 물질이 뜨거운 불에 풀어지고 땅과 그 중에 있는 모든 일이 드러나리로다 이 모든 것이 이렇게 풀어지리니 너희가 어떠한 사람이 되어야 마땅하냐 거룩한 행실과 경건함으로 하나님의 날이 임하기를 바라보고 간절히 사모하라 그 날에 하늘이 불에 타서 풀어지고 물질이 뜨거운 불에 녹아지려니와 우리는 그의 약속대로 의가 있는 곳인 새 하늘과 새 땅을 바라보도다"(벧후 3:10-13)

베드로 역시 예수님으로부터 새 하늘과 새 땅에 대한 교훈을 받았다. 새 하늘과 새 땅은 천국의 다른 표현이다. 그 외에도 성경 기록자에 따라서 하나님의 나라와 낙원으로 성경에 기록되었다. 새 하늘과 새 땅, 천국, 하나님의 나라, 낙원은 다른 것이 아니라 똑같은 것을 다양하게 표현한 것으로 이해해야 한다. 위에서 살펴봤듯이 이단들은 오직 자신들의 가르침을 받고 자기 단체 안으로 들어온 사람만이 새 하늘과 새 땅에 들어갈 수 있다고 주장한다. 그러나 요한계시록 21장의 새 하늘과 새 땅은 오직 예수 그리스도를 구주로 영접한 사람만이 들어가게 될 것이다.

22. 생명나무 :: 요한계시록 22장

길을 지나가다가 신천지 집회를 홍보하는 사람들을 보았다. 신천지 신도들이 지나가는 행인들에게 전단지를 나누어 주고 있었다. 나는 길에 버려진 전단지를 주워서 어떤 내용이 있는지 살펴봤다. 그런데 전단지에는 “생명나무와 선악나무의 비밀”이라는 제목과 함께 “성경의 생명나무와 선악나무의 정체는 과연 무엇일까요?”라는 질문을 하고 있었다. 나는 집으로 돌아와 생명나무와 선악나무에 관한 신천지 동영상을 열어봤다. 짐작했던 대로 동영상 속 신천지 강사는 정통교회와 다른 해석을 했다. 신천지 강사는 이렇게 질문했다. “에덴동산의 선악나무는 누가 심었다고 생각하십니까?” 그는 결론부분에 가서 이렇게 말했다. “이로 보건대 선악나무는 사단이 심었다는 것을 짐작할 수 있습니다.” 그렇다. 신천지는 생명나무는 하나님이 심었지만, 선악나무는 마귀가 심었다고 주장한다. 그러나 신천지의 주장은 성경과 위배된다.

> *“여호와 하나님이 동방의 에덴에 동산을 창설하시고 그 지으신 사람을 거기 두시니라 여호와 하나님이 그 땅에서 보기에 아름답고 먹기에 좋은 나무가 나게 하시니 동산 가운데에는 생명나무와 선악을 알게 하는 나무도 있더라”(창 2:8-9)*

성경은 에덴동산의 생명나무와 선악을 알게 하는 나무를 여호와 하나님이 지으셨다고 말씀한다. 창세기에서 분명하게 말씀하고 있는데도 불구하고 이런 주장을 펼치는 것은 어떤 의도를 가지고 있기 때문이다. 그렇다면 그 의도가 무엇일까? 그 이유는 정통교회 성도들을 신천지로 미혹하기 위한 것이 분명하다. 신천지는 생명나무와 선악나무를 비유로 해석한다. 생명나무는 하나님과 하나님의 말씀을 전하는 목자들 즉 신천지라고 주장한다. 반면 선악나무는 마귀와 마귀의 말을 전하는 목자들 즉 정통교회와 그에 속한 목사들이라고 말한다. 정통교회와 목사들이 선악나무이기 때문에 구원받기 위해서는 당연히 자칭 생명나무인 신천지 총회장 이만희가 있는 신천지로 옮겨 와야 한다는 것이다. 그래서 신천지에서 말하는 나무는 진짜 나무가 아니라 사람을 비유한 것이라고 해석하는 것이다.

"이 선악을 알게 하는 나무도 사람을 상징하고 있다는 전제 하에 살펴보자. 이 나무가 서 있는 곳은 동산의 중앙이었다. 이 나무가 사람이라면 중앙에 있는 사람이라는 말이기도 하다. 즉 중앙청과 같은 기관으로 중심이 되는 인물을 의미하는 것이다. (중략) 이러한 사실들로 미루어볼 때 선악을 알게 하는 나무가 동산의 중앙에 있었다 함은, 그가 바벨론 왕이나 두로 왕처럼, 에덴동산에서 매우 중요한 위치를 점유하고 있는 중심인물이었음을 강력히 시사해주는 말이다." [63]

그렇다면 생명나무와 선악나무를 신천지만 비유로 푸는 것일까? 그

63) 김건남, 김병희, 「신탄」, 90-91.

렇지 않다. 놀랍게도 우리에게 익숙한 대부분의 이단은 생명나무와 선악나무를 비유로 풀이한다. 세칭 JMS는 총재 정명석을 재림주와 선생님으로 추앙하고 있다. JMS의 비유론을 보면 생명나무와 선악나무가 무엇인지 자세하게 설명하고 있다.

"그렇다면 아담을 생명나무로 비유하였을진대, 선악을 알게 하는 나무는 누구를 비유하여 가리킨 것일까? 아담 앞에 하와밖에 없었으니 그것은 두말할 필요도 없이 상대 기준이 되는 하와를 두고 말한 것이 틀림없다. 남자를 생명나무라 칭하였고 하와를 선악을 알게 하는 나무로 칭하였던 것이다. 역사적으로 하와가 생명나무인 아담보다 먼저 타락하자 선악나무라고 표현한 것이다." [64]

또 JMS의 핵심교리인 30개론 고급편을 보면 생명나무에 대해 이렇게 기록했다.

"이와 같이 생명나무는 문자 그대로 실제 나무가 아니라 타락한 사람의 소망인 하나님의 뜻을 이룰 완성된 사람을 상징하는 것이다. 곧 생명나무는 그 시대의 섭리사의 주인이 생명나무라는 것이다. 회개함으로 그 앞에 나가게 된다. 깨끗함과 온전함을 받아야 그 앞에 인도됨을 받고 하나님께 나아가서 이상세계를 이룰 수가 있다. 구약 시대에는 에덴동산의 첫 아담이, 신약시대에는 후(後) 아담이신 예수님이, 성

64) 정명석, 「비유론」, 80.

약시대에는 재(再) 아담인 재림 주님이 생명나무이다." [65]

정리하면 JMS 총회장 정명석은 창세기에 기록된 생명나무는 아담, 선악나무는 하와라고 해석했다. 이 주장은 세칭 통일교의 해석과 똑같다. 이단의 교주들은 한결같이 자신이 재림주인 생명나무라고 주장한다. 결국 이 말은 오직 자신을 통해서만 구원을 받아 영생할 수 있다는 말이다. 그렇다면 요한계시록 2장과 22장에서 말씀하는 생명나무는 무엇을 상징하는 것일까?

"귀 있는 자는 성령이 교회들에게 하시는 말씀을 들을지어다 이기는 그에게는 내가 하나님의 낙원에 있는 생명나무의 열매를 주어 먹게 하리라"(계 2:7)

"길 가운데로 흐르더라 강 좌우에 생명나무가 있어 열두 가지 열매를 맺되 달마다 그 열매를 맺고 그 나무 잎사귀들은 만국을 치료하기 위하여 있더라"(계 22:2)

요한계시록 2장 7절은 에베소 교회에게 보낸 편지이다. 당시 에베소 교회는 로마로부터 우상숭배를 강요당하고 있었다. 또 자칭 거짓 사도들이 교회 안에 들어와 잘못된 교훈으로 성도들을 미혹하려고 했다. 안팎으로 신앙을 위협하는 요소들이 있었던 것이다. 그런데 예수님은

---

65) 세계청년대학생MS연맹, 「고급편」, 136.

에베소 교회에게 믿음의 경주에서 승리하는 자에게 생명나무의 열매를 주겠다고 약속했다. 그렇다. 요한계시록 2장 7절의 생명나무는 이단들의 주장과는 거리가 멀다. 쉽게 말하면 생명나무는 사람이 아니다. 요한계시록이 기록될 당시 에베소 교회 성도들에게 잘 알려진 나무가 있었다. 에베소 지역 사람이라면 그 나무를 잘 알고 있었고, 그 나무를 찾아가서 기도하고 제사를 드리기도 했다. 이 나무는 에베소 지역 사람들에게 생명력 넘치는 풍요와 다산을 베푸는 여신으로 알려졌다. 이 여신은 아데미(Artemis) 여신이다. 이 당시 에베소 지역에는 아데미 여신을 상징하는 성스러운 나무가 있었고, 그 나무 주변으로 성역화가 되어있었다.[66] 에베소 사람들은 아데미 여신에게 생명, 풍요 그리고 다산을 기원하면서 제사를 드렸다. 왜냐하면 그 성스러운 나무가 생명나무라고 믿었기 때문이다. 그러나 아데미 여신을 상징하는 나무는 음란한 나무일 뿐 아니라 우상숭배 그 자체였다. 진짜 생명나무는 믿음의 선한 싸움에서 승리한 성도들에게 주시는 하나님의 선물인 것이다. 그리고 이 선물은 생명과 관련되어있고 예수 그리스도만이 주실 수 있는 선물이다. 성도에게 주시는 영원한 생명이 무엇인가? 하나님의 선물 즉 구원이다.

"너희는 그 은혜에 의하여 믿음으로 말미암아 구원을 받았으니 이것은 너희에게서 난 것이 아니요 하나님의 선물이라"(엡 2:8)

---

66) 박수암, 「요한계시록」, 64.

요한계시록 2장 7절과 22장 2절에서 말하는 생명나무는 구원을 상징한다. 영원한 천국으로 인도함을 받는 성도들은 하나님과 깊은 교제를 나누게 될 것이다. 그 옛날 에덴동산에서 아담과 하와는 불순종의 죄를 지으므로 하나님과 나누던 교제에서 멀어지게 되었다. 그러나 새 하늘과 새 땅에서 영생을 누리는 하나님의 구원받은 백성들은 구원하신 하나님과 행복한 동행을 하게 될 것이다. 이것은 에베소교회 성도들에게만이 아니라 오늘 우리에게 주시는 예수 그리스도의 약속이기도 하다.

Ⅲ부

요한계시록으로 교회를 섬기라!

1. 목회자는 고민한다
2. 솔직하면 답이 보인다
3. 퍼즐 조각을 하나로 맞추다

1. 목회자는 고민한다

전라남도 나주에 있는 교회로 특강을 간 적이 있었다. 나는 목양실에서 담임목사와 잠시 대화를 하게 되었다. 그는 내게 이렇게 말했다. “요한계시록은 참 어려운 말씀이어서 저도 설교본문으로 잘 선택하지 않습니다. 가끔 계시록 1장부터 3장 정도에 나오는 내용으로 설교할 뿐입니다. 그리고 성경 해석을 잘못해서 교인들 구설수에 오르게 되는 날에는 제 목회 생명이 끝날 수도 있어서 요한계시록 근처는 잘 가지 않습니다. 그래서 이렇게 목사님을 특강 강사로 모신 것입니다.” 나는 강의를 마치고 돌아오는 길에 그 교회 목사가 했던 말이 자꾸 생각났다. 그가 가지고 있던 고민은 그 목사만의 고민이 아닐 것이라는 생각도 하게 되었다. 팽팽한 긴장감 속에 목회를 하고 있는 목사들을 부족한 실력이지만 최선을 다해서 도와야겠다는 다짐을 하게 되었다.

2. 솔직하면 답이 보인다

가깝게 지내는 S목사는 내게 말했다. “솔직히 목사인 저도 요한계시록은 잘 모르겠어요.” 나는 그에게 이렇게 말했다. “솔직히 잘 모르면 모른다고 말하는 용기가 귀합니다. 저 같은 사람에게 솔직하게 말해주시는 용기와 겸손이 있다면 제가 이해하는 수준만큼은 요한계시록을 알게 될 것입니다." 모르면서 아는 척하는 것보다 솔직하게 인정하고 배움의 자리로 나아오는 사람은 반드시 해답을 얻게 될 것이다. 모르면 모르는 것이고, 알면 아는 것이다. 모르는데 아는 것처럼 포장하는 것이 무슨 의미가 있는가!

'혹시 내가 모른다고 말하면 나를 어떻게 생각할까? 혹시 우리 교회를 떠나는 것은 아닐까?'라고 고민하는 목사들도 분명히 있을 것이다. 그래서 솔직하기가 어려운 것이다. "아니 그것도 몰라요?"라고 비난을 받을까봐 두려워하기도 한다. 당신이 평신도라면 목회자들의 이런 깊은 고뇌를 사랑으로 감싸주고 응원해 줘야 한다. 요한계시록을 잘 모르는 것은 피차 똑같은 것이 아닌가! 누가 누구에게 뭐라고 말할 수 있단 말인가! 정말 목회자가 요한계시록을 잘 가르치기를 원한다면 공부할 수 있도록 책을 사주고, 좋은 세미나에 참석할 수 있도록 지원해주길 바란다. 그렇게 하면 목회자와 평신도는 서로 윈윈하게 될 것이다.

3. 퍼즐 조각을 하나로 맞추다

광신대학교에서 '성은목회포럼'이 있었는데, 나는 주강사로 초청을 받아서 갔다. 약 100여 명의 목회자들이 모였다. 나는 그들에게 이렇게 말했다. "목사님들께서 요한계시록을 잘 모르신다고 하지만 제 생각은 그렇지 않습니다. 저는 제 생각이 틀리지 않다고 확신합니다. 단지 요한계시록 말씀이 퍼즐 조각처럼 흩어져 있을 뿐입니다. 이제 저는 머릿속에 흩어져 있는 퍼즐 조각을 모아서 요한계시록이라는 하나의 완성된 그림을 함께 만들어 보려고 합니다."

1부 강의가 끝났다. 나는 로비에서 차를 한잔 마시고 있었다. 참석자 한 사람이 내게 다가와서 이렇게 말했다. "좋은 강의에 도움을 많이 얻었습니다. 저는 강의를 들으면서 요한계시록을 어떻게 설교해야 할지 해답을 찾았습니다." 나는 내 강의가 도움이 되었다는 그의 말에 고맙다고 화답했다.

이 퍼즐 조각은 목회자들만 가지고 있는 것이 아니다. 평신도인 대다수의 교인들도 가지고 있다. 그런데 흩어져 있는 요한계시록 퍼즐 조각을 모아서 하나로 맞추어본 경험이 없기 때문에 "저는 요한계시록을 잘 몰라요."라고 말하는 것이다. 이런 상황에 놓여 있다면 흩어진 퍼즐 조각을 하나씩 맞출 수 있도록 도움을 줄 수 있는 사람을 만나면 된다. 그 일을 도와줄 수 있는 가장 좋은 사람은 당신이 출석하고 있는 교회 목회자이다. 물론 검증된 외부 강사를 통해 도움을 받을 수도 있다. 필자는 이단예방특강인 "바른 신앙생활 세미나"와 요한계시록 입문강의인 "평신도와 함께 읽는 열린 계시록"이라는 세미나를 인도하고 있다.

부록

1. 읽는 자, 듣는 자, 지키는 자
2. 회개하라
3. 하나님의 구원

1. 읽는 자, 듣는 자, 지키는 자

나는 이단예방세미나 강사로 활동을 하면서 성도들에게 최신 정보와 자료를 전해주려고 노력을 했다. 처음 이단예방세미나 강사로 활동할 때, 이단 활동과 관련된 기독교 TV 보도 영상을 성도들에게 보여주었다. 그런데 시간이 지나면서 내가 알게 된 것이 하나 있다. 이단예방세미나 시간에 이단관련 보도 영상을 보는 것이 성도들에게는 매우 유익한 반면 이단에서 성경공부 및 신앙생활을 하는 사람에게는 별다른 효과가 없다는 것을 깨닫게 된 것이다.

한번은 이단 신천지에 미혹되어 성경공부를 하던 권사를 만났다. 나는 이단과 관련된 기독교 TV 보도 영상을 보여주었다. 영상을 본 권사는 이 모든 기사와 영상이 조작되었다고 말했다. 기독교 TV 이단관련 보도 영상으로는 이단에 빠진 사람들을 상담하기 어렵다는 것을 알게 되었다. 기독교 TV 이단관련 보도 영상자료를 보통 2차 자료라고 부른다. 그래서 그때부터 이단에서 직접 제작한 1차 자료를 구하기 시작했다. 그 결과 내가 필요로 했던 이단에서 직접 제작한 1차 자료인 책과 동영상을 수집할 수 있게 되었다. 확실히 1차 자료는 2차 자료보다 효과적이었고, 반박하는 자료로 사용하기에 훨씬 유용했다.

신천지에서 직접 제작한 동영상을 봤다. 신천지 강사는 요한계시록 1장 3절을 가지고 정통교회 주장을 비판하고 반박했다. 신천지는 지금도 우리가 예전에 사용했던 개역한글판 성경을 쓰고 있다. 그 이유는 개역한글판 성경에 나오는 단어와 구절을 사용해서 신천지 교리를 만들었기 때문이다. 개역한글판 요한계시록 1장 3절은 다음과 같다.

"이 예언의 말씀을 읽는 자와 듣는 자들과 그 가운데 기록한 것을 지키는 자들이 복이 있나니 때가 가까움이라"(계 1:3)

반면 현재 대부분의 교회가 사용하는 개역개정판 요한계시록 1장 3절은 개역한글판과 약간 다르게 번역되어 있다.

"이 예언의 말씀을 읽는 자와 듣는 자와 그 가운데에 기록한 것을 지키는 자는 복이 있나니 때가 가까움이라"(계 1:3)

예전에 사용했던 개역한글판은 '읽는 자', '듣는 자들', '지키는 자들'이라고 되어있다. 그러나 현재 교회들이 사용하고 있는 개역개정판은 '읽는 자', '듣는 자', '지키는 자'라고 번역했다. 여기에서 우리는 '어떤 번역이 더 좋은 것일까?'라고 생각할 수 있을 것이다. 요한계시록 헬라어 원문을 보면 '읽는 자'는 단수로 되어 있다. 즉 '읽는 자'는 한 사람이라는 말이다. '듣는 자'는 복수형이고, '지키는 자' 또한 복수형으로 기록되어 있다. 즉 '듣는 자'와 '지키는 자'는 듣는 사람들과 지키는 사람들이라는 뜻이다. 이렇게 보면 요한계시록 1장 3절은 지금 사용하고 있는 개역개정판보다는 개역한글판이 원문에 가깝게 번역됐다는 것을 알 수 있다.

그렇다면 신천지는 요한계시록 1장 3절에서 말씀하는 '읽는 자', '듣는 자들', '지키는 자들'이 누구라고 가르칠까? 신천지는 '읽는 자'를 요한계시록 10장에서 열린 책을 받아먹은 단 한 사람 새 요한이라고 주장한다. 그들이 말하는 단 한 사람 새 요한은 신천지 총회장 이만희를 말한다. 이만희는 신천지 내부에서 약속의 목자이면서 하나님으로부터 요한계시록의 모든 계시를 받고 깨달은 존재로 추앙받고 있다, 또 신천지는 '듣는 자들'을 요한계시록 10장에서 말한 백성과 나라와 방언과 임금들이라고 주장한다. 이것은 비유로써 죄 가운데 있는 모든 교회를 상징하는 것으로 해석한다. 쉽게 말하면 정통교회를 의미하는 것이다. 또 '지키는 자들'은 요한계시록 7장과 14장의 12지파 십사만 사천과 흰무리라고 말한다. 여기에 십사만 사천과 흰무리는 신천지 총회장 이만희의 가르침에 따르는 신천지 신도들을 지칭한다. 마치 요한계시록이 신천지와 신천지 총회장 이만희를 위해 기록된 것처럼 주장하고 있다.

요한계시록 1장 3절 말씀에 대한 신천지의 해석이 옳지 않다면 정통교회의 올바른 해석은 무엇일까? 요한계시록은 소아시아 일곱 교회에 보낸 편지다. 소아시아 일곱 교회는 주의 날에 함께 모여 예배를 드렸다. 그때 밧모 섬에 갇혀 있던 요한이 성도들에게 보낸 편지 즉 요한계시록을 읽었다. '읽는 자'는 예배에 참석한 모든 사람들을 대신해서 성경을 읽었다. 이 사람을 '성경 봉독자'라고 부른다. 초대교회 변증가인 터툴리안(Tertullian)은 공식 예배 중에 성경을 낭독하는 사람이 있었다고 말했다. 처음에는 어느 정도 글을 읽을 수 있는 사람이 맡았지만 후에는 '성경 봉독자'가 교회의 공식적인 직분이 되었다고 증언했다.[67]

---

67) Robert H. Mounce, 「NICNT 요한계시록」, 장규성 역 (서울: 부흥과개혁사, 2019), 71.

"대부분의 고대인은 글을 읽지 못했으며, 어쨌든 모든 사람이 요한계시록을 한 권씩 가질 수 있을 만큼 책의 수량이 충분하지도 않았을 것이다(책을 만들려면 손으로 등사해야 했기 때문에). 그래서 회중에게 큰 소리로 읽어 주는 사람들(마치 회당 내에 성경을 읽어 주는 사람이 한 명씩 있었던 것처럼)과 듣는 사람들(나머지 회중은 성경 낭독을 들었던 것처럼)이 복을 받는다." [68]

그렇다면 '듣는 자들'은 누구일까? '듣는 자들'은 예배에 참석한 모든 성도들이다. 그리고 '지키는 자들'은 성경 봉독자와 예배에 참석한 모든 성도들을 지칭하는 것이다. 요한계시록 1장 3절은 공생애 기간 중에 예수님께서 하신 말씀을 떠올리게 한다.

"예수께서 이르시되 오히려 하나님의 말씀을 듣고 지키는 자가 복이 있느니라 하시니라"(눅 11:28)

그래서 요한계시록 1장 3절을 잘 이해하기 위해서는 성경 원문, 초대교회 예배 그리고 교회역사를 종합적으로 연구하면 어떤 의미였는가를 쉽게 이해할 수 있을 것이다.

---

68) John H. Walton, et al., 「IVP 성경배경주석」, 정옥배 외 7인 역 (서울: 한국기독학생회출판부, 2014), 2083.

2. 회개하라

나는 광주광역시에 있는 조선대학교에서 캠퍼스 선교사역을 했다. 신학기가 되면 학교에 정식 동아리로 가입되지 못한 단체들이 정식 동아리가 되기 위해 기존 동아리 회장의 도장을 받으러 다녔다. 당시 신천지로 의심되는 단체는 종교동아리가 아닌 봉사단체 또는 학술단체인 것처럼 가장해서 기존 동아리들의 동의를 받으려고 했다.

한 날은 미국인 학생이 동아리 방으로 찾아왔다. 자신은 미국 대학생인데 1년 동안 한국에 선교사로 왔다고 말했다. 그 학생은 자기 단체가 학교 정식 동아리가 되도록 각 동아리 회장들의 도장을 받고 있었다. 그래서 어떤 단체냐고 물어봤다. 학생은 IYF 국제청소년연합이라고 말했다. IYF 국제청소년연합은 세칭 구원파 청년조직이다. 그들은 영어말하기 대회, 명사초청강연회, 귤 따러가는 봉사활동, 아프리카 40일 봉사활동 등으로 대학생들을 미혹하고 있었다. 우리는 기독교 이단 동아리에 도장을 찍어줄 수 없다고 말했다. 그러자 미국인 학생은 왜 우리가 이단인지 말해보라고 화를 냈다. 그래서 회개에 대해 논쟁했다. IYF 미국인 학생은 이렇게 말했다. “성경에는 구원받기 위해 한 번 회개하고 나면 더 이상 회개할 필요가 없다고 말합니다. 구원받은 그리스도인이 되었는데 왜 다시 회개해야 합니까? 우리는 성경대로 믿고 있는데 왜 우리가 이단입니까?” 그 학생은 구원파 박옥수의 가르침에 충실했다. 나는 그 학생에게 성경 요한계시록을 펼쳐 보여주었다. 그리고 요한계시록 2장과 3장에 나오는 일곱 교회 중 다섯 교회에게 예수님이 하신 말씀을 보여주었다. "자, 보세요. 교회에게 보내신 편지입니다. 예수님을 믿지 않은 불신자가 아니라 예수님을 구주로 영접하고 믿은 성도들입니다. 다른 말로 그리스도인입니다. 그런데 예수님은 교회 성도들에게 회개하라고 하셨을까요? 아니면 하지 말라고 하셨을까요? 학생이 말한 대로라면 요한계시록 다섯 교회는 회개를 해서는 안 됩니다. 직접 성경을 보고 예수님께서 교회들에게 어떻게 말씀하셨는지 확인해보길 바랍니다." 그리고 나는 요한계시록 성경구절을 찾아서 학생에게 보여주었다.

"그러므로 어디서 떨어졌는지를 생각하고 회개하여 처음 행위를 가지라 만일 그리하지 아니하고 회개하지 아니하면 내가 네게 가서 네 촛대를 그 자리에서 옮기리라"(계 2:5)

"그러므로 회개하라 그리하지 아니하면 내가 네게 속히 가서 내 입의 검으로 그들과 싸우리라"(계 2:16)

"볼지어다 내가 그를 침상에 던질 터이요 또 그와 더불어 간음하는 자들도 만일 그의 행위를 회개하지 아니하면 큰 환난 가운데에 던지고"(계 2:22)

"그러므로 네가 어떻게 받았으며 어떻게 들었는지 생각하고 지켜 회개하라 만일 일깨지 아니하면 내가 도둑 같이 이르리니 어느 때에 네게 이를는지 네가 알지 못하리라"(계 3:3)

"무릇 내가 사랑하는 자를 책망하여 징계하노니 그러므로 네가 열심을 내라 회개하라"(계 3:19)

미국인 학생은 요한계시록 다섯 교회에게 회개하라고 한 예수님의 말씀을 보고 더 이상 말을 하지 못했다. 그리고 동아리 방문을 열고 나갔다. 구원파를 이끄는 박옥수는 회개에 대해 이렇게 말했다.

"'주님, 내 죄를 용서해 주십시오.'하고 기도하는 분들이 있습니다. 참 잘하는 분입니다. 그러나 가만히 생각해 봅시다. 여러분, 예수님이 십자가에 못 박혀 죽으셨을 때 여러분의 죄를 씻었습니까, 못 씻었습니까? 씻었는데 또 죄를 씻어 달라고 할 필요가 있을까요?" [69)]

그는 회개를 반복적으로, 지속적으로 하는 것은 구원받지 못한 증거이며, 죄인이라고 고백하면 지옥에 간다고 주장한다. 그러나 이런 주장은 성경의 가르침에서 벗어나있다. 우리는 예수 그리스도를 구주로 영접한 이후에도 회개할 것이 있다면 반드시 회개해야 한다. 구원파는 계속해서 회개하는 것이 구원받지 못한 증거라고 하지만, 오히려 매일 자신의 삶을 돌아보고 회개하는 삶을 사는 성도의 삶이야말로 진정 구원받은 증거라 할 수 있다.

2018년 10월 15일부터 19일까지 제19차 인도차이나 한인선교사 캄보디아대회가 프놈펜에서 열렸다. 나는 대회 강사로 초청을 받았다.

---

69) 박옥수, 「죄사함 거듭남의 비밀1」 (서울: 기쁜소식사, 2003), 118.

그리고 "선교지의 시급한 과제, 한국계 이단대처"라는 제목으로 발제를 담당했다. 선교사들에게 한국계 이단의 해외 포교 활동에 대해서 말해주었다. 특별히 신천지, JMS, 하나님의 교회의 국외 포교 활동이 심각하다고 강의했다. 그런데 한국계 이단 중 해외 포교 활동이 가장 왕성하고 선교지를 황폐화시키는 단체가 무엇인지 알게 되었다. 내가 예상했던 신천지, JMS, 하나님의 교회가 아닌 박옥수가 이끄는 구원파였다. 이런 심각성을 알고 있던 캄보디아 K선교사는 2012년부터 2017년까지 선교지에서 구원파로 넘어간 정통교회가 얼마나 되는지 조사했다. 그 결과 약 600여 개가 넘는다고 인도차이나 한인선교사 캄보디아대회에서 발표했다. 대략 한 해에 약 100여 개 이상 선교지에 있는 정통교회가 구원파로 넘어간 것이다. 캄보디아 대학 안에는 구원파 청년조직 IYF 국제청소년연합이 왕성하게 활동하고 있었다. 반면 정통교회와 선교사의 활동은 미약하고, 대학 안에서 복음전파와 선교활동이 제지를 당하고 있었다. 이렇게 된 이유 중 하나는 현 총리의 아들이 IYF 국제청소년연합과 깊은 연관을 맺고 있기 때문이다. 지금도 치밀한 계획과 전략으로 구원파 IYF 국제청소년연합은 세력을 계속 확장시키고 있다. 정말 안타까운 일이다. 지금도 각국에서 복음전파와 교회개척을 하는 많은 선교사들이 있다. 그들은 선교지에서 믿음의 진보와 복음의 진보를 위해 끊임없이 믿음의 선한 싸움을 싸우고 있다. 그러나 세계화 전략을 가지고 인적, 물적 자원을 동원하여 포교 활동에 열을 내고 있는 한국계 이단들에게 피해를 당하고 있는 상황이다. 그 어느 때보다 파송교회와 단체들은 선교지를 위협하는 이단들에 대한 경각심을 가지고 선교사와 선교지의 필요에 더욱 민감해야 할 것이다.

> *"근신하라 깨어라 너희 대적 마귀가 우는 사자 같이 두루 다니며 삼킬 자를 찾나니 너희는 믿음을 굳건하게 하여 그를 대적하라 이는 세상에 있는 너희 형제들도 동일한 고난을 당하는 줄을 앎이라"(벧전 5:8-9)*

그래서 우리는 복음 전파뿐 아니라 진리의 복음을 이단으로부터 사수하기 위해 근신하고 깨어있는 자세를 항상 유지해야 한다.

3. 하나님의 구원

요한계시록은 구원과 관계가 있는 말씀일까? 정통교회 목사 가운데 어떤 사람은 요한계시록이 구원과 전혀 상관없고, 모를수록 좋은 말씀이라고 말하기도 한다. 정말 요한계시록은 구원과 관계가 없고, 모를수록 신앙에 도움이 되는 것일까? 결국 일부 정통교회 목회자들의 이런 주장 때문에 성도들이 이단들로부터 미혹당하는 빌미가 된다. 특별히 세칭 신천지는 자신들이 만든 동영상에서 이 부분을 신랄하게 비판하면서 자신들이 주장하는 교리의 우월성을 자랑하고 있다. 신천지는 요한계시록 12장 7절과 8절을 근거로 "계시록과 구원은 무슨 관계가 있는가?"라는 동영상을 만들었다.

> *"내가 또 들으니 하늘에 큰 음성이 있어 이르되 이제 우리 하나님의 구원과 능력과 나라와 또 그의 그리스도의 권세가 나타났으니 우리 형제들을 참소하던 자 곧 우리 하나님 앞에서 밤낮 참소하던 자가 쫓겨났고 또 우리 형제들이 어린 양의 피와 자기들의 증언하는 말씀으로써 그를 이겼으니 그들은 죽기까지 자기들의 생명을 아끼지 아니하였도다"(계 12:10-11)*

신천지는 요한계시록을 성경의 꽃이라고 주장한다. 또 신약성경의 내용을 종합한 것이 요한계시록이라고 말한다. 그렇다면 신천지는 요한계시록과 구원이 어떤 관계가 있다고 주장하는 것일까? 그들은 요한계시록의 비밀이 마귀에게 들키지 않기 위해서 비유로 기록되었고, 이 비유는 약속의 목자인 이긴 자, 새 요한이 하나님으로부터 보고 들은 계시라고 주장한다. 그래서 이 계시의 말씀을 듣고 믿고 지킬 때 구원을 받을 수 있다고 말한다. 그런데 정통교회는 요한계시록을 알지 못하기 때문에 구원이 없는 멸망자가 되고, 요한계시록을 알지 못하는 목사는 거짓 목자라고 비난한다. 그래서 신천지는 총회장 이만희가 해석한 요한계시록의 말씀을 듣고 믿을 때 신천지 12지파에 들어올 수 있고, 비로소 구원을 받는다고 주장한다.

> *"천하의 모든 목자들은 본문의 말씀을 통해 진리의 말씀으로 만국을 다스릴 구원자가 출현하는 때와 장소를 깨달아 알고 올바른 목회를 해야 한다. 왜냐하면 위와 같은 사건이 성취되었을 때 이전 것은 모두 끝이 나게 되고 비로소 하나님의 나라와 구원이 있게 되니, 이것에 참예하지 않으면 참 목자라 할 수 없고 구원에 이르지도 못하기 때문이다."* [70)]

한때 신천지에 있다가 탈퇴한 여학생에게 부탁을 받았다. 후배가 신천지 성경공부를 하는데, 꼭 상담을 해주면 좋겠다고 말했다. 그래서 신천지 성경공부를 하는 여학생을 만났다. 이름을 물어봤더니 샤론이라고 대답했다. 나는 이름이 좋고, 기독교식 이름인데 혹시 부모님도 신앙생활을 하시냐고 질문했다. 샤론은 아버지께서 목사님이라고 말

---

70) 이만희, 「천국비밀계시」, 224.

했다. 순간 나는 당황했지만, 내색하지 않고 말을 이어갔다. 나는 샤론에게 질문했다. "지금 성경을 공부하는 것이 재밌죠? 또 성경공부를 통해서 성경의 영적인 비밀을 알고, 믿고, 지켜야 구원받을 것 같고요. 학교 공부하기도 바쁠 텐데 진리를 알려고 하는 태도는 참 좋네요. 그러면 질문 하나 할게요. 요한계시록은 구원에 대해 어떻게 말씀하고 있을까요? 정말 샤론이가 신천지에서 배운 대로 요한계시록에 감추어진 영적인 비밀을 아는 사람만이 구원을 받을 수 있을까요? 그런 말씀이 요한계시록에 있다면 나도 샤론처럼 신천지에 들어갈게요." 샤론은 요한계시록을 뒤적이면서 구원과 관련된 근거 구절을 찾으려고 노력했다. 잠시 기다리다가 나는 다시 한 번 샤론에게 질문했다. "요한계시록에는 어떻게 해야 구원받을 수 있다고 말할까요?" 샤론은 내게 잘 모르겠다고 말했다. 나는 샤론에게 '비전'이라는 찬양을 아느냐고 물어봤다. 샤론은 그 노래를 안다고 말했다. 비전이라는 찬양의 가사는 이렇다.

"우리 보좌 앞에 모였네 함께 주를 찬양하며 하나님의 사랑 그 아들 주셨네 그의 피로 우린 구원 받았네 십자가에서 쏟으신 그 사랑 강같이 온 땅에 흘러 각 나라와 족속 백성 방언에서 구원 받고 주 경배드리네 구원하심이 보좌에 앉으신 우리 하나님과 어린 양께 있도다 구원하심이 보좌에 앉으신 우리 하나님과 어린 양께 있도다"

나는 샤론에게 비전의 후렴구 "구원하심이 보좌에 앉으신 우리 하나님과 어린 양께 있도다"는 성경 말씀이 어디에 나오는지 아느냐고 물었다. 샤론은 잘 모르겠다고 대답했다. 나는 이렇게 쉬운 것도 잘 모르면서 어떻게 요한계시록을 잘 알아야 구원받을 수 있다고 말하는지 잘 이해가 안 된다고 말했다. 샤론은 내게 이 말씀이 요한계시록에 나오느냐고 물었다. 나는 샤론에게 성경을 직접 눈으로 보고, 손으로 만져서, 마음으로 믿으라고 말했다. 그리고 요한계시록 7장 10절 말씀을 찾아서 샤론에게 보여줬다.

"큰 소리로 외쳐 이르되 구원하심이 보좌에 앉으신 우리 하나님과 어린 양에게 있도다 하니"(계 7:10)

요한계시록 7장 10절 말씀을 본 샤론은 깊은 한숨을 내 쉬고, 자신이 신천지에서 잘못된 성경공부에 빠져 있었다는 것을 비로소 깨달았다고 말했다. 나는 샤론에게 하나님의 구원 원리는 창세기부터 요한계시록까지 똑같다고 말했다. 그렇게 말한 이유는 신천지를 비롯한 대다수의 이단들이 구원의 원리가 시대마다 달라진다고 말하기 때문이다. 마치 코미디 명대사인 "그때 그때 달라요."처럼 하나님의 구원도 시대마다 달라진다는 것이 이단들의 주장이다.

세칭 JMS총재 정명석은 때와 시기에 따라 구원의 급이 달라진다고 주장한다. 그는 시대를 구약시대, 신약시대, 성약시대로 구분한다. 그는 구약시대 4,000년, 신약시대 2,000년, 새로운 역사 시대인 성약시대 1,000년이라고 말한다. 그리고 구약시대는 종급 구원, 신약시대는 아들급 구원, 성약시대는 신부, 애인급 구원을 받는다고 주장한다.[71] JMS의 주장대로라면 지금은 성약시대이기 때문에 신부, 애인급 구원을 받아야만 된다. 그런데 그는 아직도 정통교회들이 예수님을 믿고 아들급 구원을 받으려 한다고 지적한다. 그의 주장을 쉽게 표현하면 정통교회들이 벌써 폐기되고 효력이 상실된 아들급 구원을 고집하고 있다는 것이다. 그래서 지금은 예수님을 믿는 것이 아니라 재림주를 믿고 신부, 애인급 구원을 받아야 한다고 말한다. 그러나 JMS의 주장과는 달리 하나님의 구원 원리는 결코 변하지 않는다. 그 이유는 하나님과 예수 그리스도는 영원토록 동일하기 때문이다.

"온갖 좋은 은사와 온전한 선물이 다 위로부터 빛들의 아버지께로부터 내려오나니 그는 변함도 없으시고 회전하는 그림자도 없으시니라"(약 1:17)

"예수 그리스도는 어제나 오늘이나 영원토록 동일하시니라"(히 13:8)

"풀은 마르고 꽃은 시드나 우리 하나님의 말씀은 영원히 서리라 하라"(사 40:8)

그렇다면 우리는 어떻게 하나님의 구원을 받을 수 있을까? 성경은

---

71) 정명석, 「비유론」, 21.

명확하게 말씀하고 있다.

"영접하는 자 곧 그 이름을 믿는 자들에게는 하나님의 자녀가 되는 권세를 주셨으니 이는 혈통으로나 육정으로나 사람의 뜻으로 나지 아니하고 오직 하나님께로부터 난 자들이니라"(요 1:12-13)

"하나님이 세상을 이처럼 사랑하사 독생자를 주셨으니 이는 그를 믿는 자마다 멸망하지 않고 영생을 얻게 하려 하심이라"(요 3:16)

"이르되 주 예수를 믿으라 그리하면 너와 네 집이 구원을 받으리라 하고"(행 16:31)

"너희는 그 은혜에 의하여 믿음으로 말미암아 구원을 받았으니 이것은 너희에게서 난 것이 아니요 하나님의 선물이라 행위에서 난 것이 아니니 이는 누구든지 자랑하지 못하게 함이라"(엡 2:8-9)

에베소서 2장 8절과 9절을 보면 하나님의 구원은 하나님의 은혜로 받는 선물이다. 영어성경은 "은혜에 의하여"를 "by grace"로, "믿음으로 말미암아"를 "through faith"라고 번역했다. 직역하면 "하나님의 은혜에 의해", "믿음을 통해서"가 된다. 그렇다. 구원은 하나님의 은혜이며, 사람들은 하나님께서 베푸시는 구원의 은혜를 자신의 마음으로 믿을 때 받게 되는 것이다.

그러나 이단들은 하나님의 은혜와 믿음으로 얻는 구원이 아닌 다른 구원을 주장한다. 율법을 지켜야만 구원받을 수 있다고 주장하는 율법주의 이단이 있고, 비유와 요한계시록에 감추어 있는 영적이고, 비밀스러운 지식을 소유한 사람만이 구원을 받을 수 있다고 주장하는 영지주의 이단이 있다. 결국 이들은 예수님께서 십자가에서 이루신 대속의 사건을 부정한다. 정말 이단들이 주장하는 것처럼 율법을 지켜서 또는 성경의 비유와 요한계시록의 영적이고 비밀스러운 지식을 소유함으로 구원을 얻는 것이라면 굳이 예수님께서 십자가에서 피 흘려 돌아가실 이유가 없는 것이다. 또 요한계시록은 어떤 사람들의 주장처럼 구원과 전혀 상관없는 말씀이 아니라 하나님의 구원을 얻은 사람들의 최종적인 모습을 자세하게 보여주고 있다. 하나님의 구원을 받은 믿음의 사람들은 요한계시록 21장에서 요한에게 보여준 새 하늘과 새 땅, 영원한 천국에서 영생을 누리며 살게 될 것이다.

참고문헌

1. 단행본

권성수. 「요한계시록」. 서울: 선교횃불, 2001.
권종선. 「해석과 비평」. 대전: 침례신학대학교출판부, 2005.
기독교복음선교회. 「전초 강의안」. n.p.: n.p., n.d.
김경천. 「거짓을 이기는 믿음」. 경기도: 기독교포털뉴스, 2019.
김광수. 「요한복음 다시 읽기(상)」. 대전: 침례신학대학교출판부, 2002.
______. 「요한계시록」. 대전: 침례신학대학교출판부, 2017.
김건남, 김병희. 「신탄」. 경기도: 도서출판 신천지, 1985.
김남준. 「구원과 하나님의 계획」. 서울: 부흥과개혁사, 2004.
김상복. 「요한계시록강해」. 서울: 나침반, 1994.
김서택. 「일곱 교회에 보내는 편지」. 서울: 한국성서유니온선교회, 2002.
______. 「하나님의 구원 역사」. 서울: 한국성서유니온선교회, 2002.
______. 「새 하늘과 새 땅」. 서울: 한국성서유니온선교회, 2002.
김주원. 「이단대처를 위한 무한도전」. 대전: 도서출판 대장간, 2015.
______. 「이단대처를 위한 진검승부」. 대전: 도서출판 대장간, 2010.
______. 「이단대처를 위한 바이블로클리닉」. 대전: 도서출판 대장간, 2011.
박수암. 「요한계시록」. 서울: 대한기독교서회, 1998.
박옥수. 「죄사함 거듭남의 비밀 1」. 서울: 기쁜소식사, 2003.
박정식. 「하나님의 사랑 요한계시록」. 서울: 기독교문서선교회, 2008.
박형용. 「사복음서」. 수원: 합신대학원출판부, 2009.

박형택. 「요한계시록」. 서울: 기독교개혁신보사출판부, 2012.
라은성. 「정통과 이단(상)」. 서울: 도서출판 그리심, 2008.
______. 「정통과 이단(하)」. 서울: 도서출판 그리심, 2010.
류모세. 「열린다 성경 식물 이야기」. 서울: 두란노서원, 2012.
백금산. 「책 읽는 방법을 바꾸면 인생이 바뀐다」. 서울: 부흥과개혁사, 2003.
서춘웅. 「교회와 이단」. 서울: 도서출판 크리스챤서적, 2010.
세계청년대학생MS연맹. 「입문편」. 서울: 세계청년대학생MS연맹 기획실, n.d.
______. 「초급편」. 서울: 세계청년대학생MS연맹기획실, n.d.
______. 「중급편」. 서울: 세계청년대학생MS연맹기획실, n.d.
______. 「고급편」. 서울: 세계청년대학생MS연맹기획실, n.d.
안진섭. 「요한계시록 누가 이 세상의 주인인가?」. 대전: 그리심어 소시에이츠, 2013.
이광진. 「요한계시록」. 대전: 도서출판 대장간, 2012.
이근도. 「해를 입은 여자와 1260일」. 서울: 에스라서원, 2010.
이남하. 「거품 빼고 보는 요한계시록」. 대전: 도서출판 대장간, 2012.
이달. 「요한계시록」. 서울: 한국장로교출판사, 2014.
이동원. 「마지막 계시-마지막 책임」. 서울: 나침반, 2004.
______. 「마지막 싸움-마지막 승리」. 서울: 나침반, 2004.
이만희. 「천국비밀계시」. 경기도: 도서출판 신천지. 1998.
이필찬. 「내가 속히 오리라」. 서울: 도서출판 이레서원, 2011.
______. 「요한계시록 어떻게 읽을 것인가」. 서울: 성서유니온선교회, 2000.
이현숙. 「마지막 기회」. 경기도: 도서출판 아가, 2010.

은혜로교회 편. 「그 피고가 와서 밝히느니라」. 경기도: 은혜로교회, 2019.
유재덕. 「거침없이 빠져드는 기독교역사」. 서울: 도서출판 브니엘, 2008.
오광만. 「영광의 복음 요한계시록」. 서울: 생명나무, 2011.
장운철. 「이단들이 잘못 사용하고 있는 33가지 성경이야기」. 서울: 부흥과개혁사, 2013.
지토 편. 「그림으로 풀어쓴 황제내경」. 홍순도, 홍광훈 역. 서울: 김영사, 2016.
전정권. 「요한계시록 연구(Ⅱ)」. 서울: 시조사, 1997.
정명석. 「비유론」. 서울: 도서출판 명, 1998.
차종순. 「교회사」. 서울: 한국장로교출판사, 1993.
탁지일. 「이단」. 서울: 두란노아카데미, 2011.
한영태. 「웨슬레의 조직신학」. 서울: 성광문화사, 1994.
현대종교 편. 「신천지와 하나님의 교회의 정체」. 서울: 월간현대종교, 2007.
Bettenson, Henry. 「초기기독교교부」. 박경수 역. 서울: 크리스챤다이제스트, 2000.
Bruce, F. F. 「초대교회의 역사」. 서영일 역. 서울: 기독교문서선교회, 2009.
Easley, Kendell H. 「Main Idea로 푸는 요한계시록」. 홍원팔 역. 서울: 도서출판 디모데, 2007.
Fee, Gordon D and Stuart, Douglas. 「성경을 어떻게 읽을 것인가」. 오광만 역. 서울: 한국성서유니온, 1998.
Gonzalez, Justo L. 「기독교사상사(Ⅰ)」. 이형기, 차종순 역. 서울: 대한예수교장로회총회출판국, 1992.
______. 「초대교회사」. 서영일 역. 서울: 도서출판 은성, 1995.

Hendricks, Howard G and Hendricks, William D. 「삶을 변화시키는 성경연구」. 정현 역. 서울: 도서출판 디모데, 1998.

Houghton, Sidney M. 「기독교 교회사」. 정중은 역. 서울: 나침반, 1990.

Jones, Timothy Paul. 「기독교 역사」. 배응준 역. 서울: 규장, 2016.

Leman, Kevin and Pentak, William. 「양치기 리더십」. 김승욱 역. 서울: 김영사, 2009.

Pate, C. Marvin. 「요한계시록을 이해하는 4가지 견해」. 이세구 역. 서울: 아가페출판사, 1995.

Shaw, Robert. 「웨스트민스터 신앙고백 해설」. 조계광 역. 서울: 생명의말씀사, 2014.

Shelley, Bruce. 「현대인을 위한 교회사」. 박희석 역. 서울: 크리스챤다이제스트, 2005.

Sproul, R. C. 「쉽게 쓴 성경해석학」. 이세구 역. 서울: 도서출판 아가페, 1995.

Talbert, Charles H. 「묵시록」. 서울: 에스라서원, 2001.

Walker, Williston. 「세계기독교회사」. 민경배 외 3인 역. 서울: 대한기독교서회, 1996.

Wilkinson, Bruce H and Boa, Kenneth. 「한눈에 보는 성경」. 정인홍, 곽철호 역. 서울: 도서출판 디모데, 2004.

2. 주석 및 사전류

목회와 신학 편집부. 「요한계시록」. 「두란노 HOW 주석」 서울: 두란노아카데미, 2011.

제자원 편. 「요한계시록 제 1-11장」. 「옥스퍼드원어성경대전」. 서울: 바이블네트, 2012.

Aune, David E. 「요한계시록(상)」. 「WBC 성경주석」. 김철 역. 서울: 도서출판 솔로몬, 2011.

_____. 「요한계시록(중)」. 「WBC 성경주석」. 김철 역. 서울: 도서출판 솔로몬, 2010.

_____. 「요한계시록(하)」. 「WBC 성경주석」. 김철 역. 서울: 도서출판 솔로몬, 2013.

Boring, M. Eugene. 「요한계시록」. 「현대성서주석」. 소기천 역. 서울: 한국장로교출판사, 2014.

Carson, D. A., et al. 「신약」. 「IVP 성경주석」. 서울: 한국기독학생회출판부, 2005.

González, Catherine G and González, Justo L. 「요한계시록」. 「웨스트민스터 신약강해」. 안효선 역. 서울: 에스라서원, 1999.

Mounce, Robert H. 「요한계시록」. 「NICNT」. 서울: 부흥과개혁사, 2019.

Walvoord, John F. 「요한계시록」. 「BKC 강해주석」. 장동민 역. 서울: 도서출판 두란노, 2000.

Walton, John H., et al. 「IVP 성경배경주석」. 신현기 편. 서울: 한국기독학생회출판부, 2015.

3. 미간행물

강신유. "신천지 교도의 이단경험과 탈퇴과정에 관한 연구." 박사학위논문, 평택대학교 신학전문대학원, 2010.

김주원. "이단 신천지 미혹에 대한 교회의 효과적인 대처법 연구: 주원침례교회를 중심으로." 박사학위논문, 미드웨스턴침례신학대학원, 2016.

이단대처를 위한
요한계시록으로
정면
돌파

발행일 초판 1쇄 2019년 11월 20일
저자 김주원
교정 명은심 (esbright@naver.com)
표지 디자인 노기훈 (nghpro@hanmail.net)
총판 하늘유통(031-947-7777)
펴낸곳 기독교포털뉴스 (www.kportalnews.co.kr)
신고번호 제 377-25100-2011000060호(2011년 10월 6일)
주소 우 16489 경기도 수원시 팔달구 권광로 197, 6층 663호(인계동)
전화 010-4879-8651

가격 11,000원
출판사 이메일 unique44@naver.com

이 도서의 국립중앙도서관 출판예정도서목록(CIP)은 서지정보유통지원시스템 홈페이지(http://seoji.nl.go.kr)와 국가자료종합목록 구축시스템(http://kolis-net.nl.go.kr)에서 이용하실 수 있습니다. (CIP제어번호 : CIP2019041953)